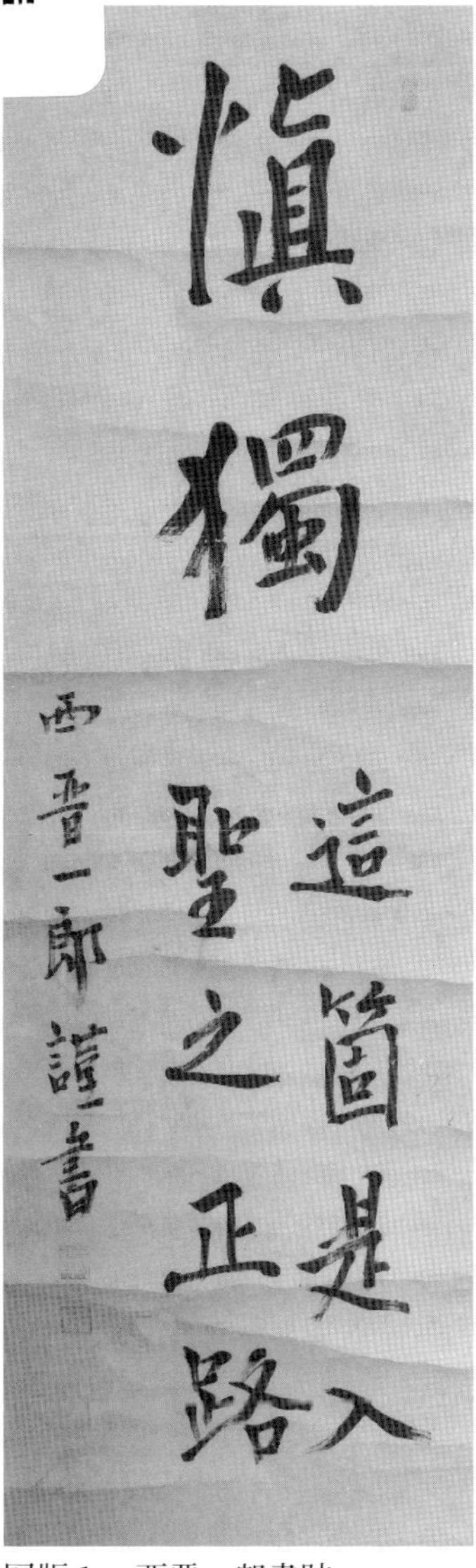

図版１　西晋一郎書跡
「慎独」一幅　青柳区蔵

図版２　藤樹頌徳会小川寮造成地に立つ西博士（第一部一四参照）

西晋一郎（にし・しんいちろう）

明治から昭和前期にかけての倫理学者。明治六年三月二十九日生まれ。広島高等師範学校教授をへて、昭和四年、広島文理科大学教授。昭和十五年、同大学名誉教授。文学博士。昭和十八年十一月十三日死去。七一歳。鳥取県鳥取市出身。東京帝国大学卒。昭和七年、藤樹頌徳会の設立にともない会長に推戴せられ、中江藤樹思想の啓蒙に尽力。昭和十八年一月、御講書始の儀に漢書（『論語』顔淵篇、子貢問政の章）を昭和天皇に進講せらる。

＊　＊　＊

おもな著書に『東洋倫理』『太極図説・通書・西銘・正蒙』『尊徳・梅岩』『東洋道徳研究』（以上、岩波書店）『天の道人の道』『孝経啓蒙略解』『藤樹学講話』など。（一八七三—一九四三）

「慎独《しんどく》」は「君子その独《ひと》りを慎《つつし》むなり」という『中庸』のことばで、他人の見ていないところでも、心と行いを正しくつつしむという意である。その下の二行の割注は中江藤樹のことばであり、「這箇《これ》は是《こ》れ入聖《にゅうせい》の正路《せいろ》（なり）」と読む。すなわち、慎独こそが孔子のような《聖人》となる正しい道であるとつよく説きしめす。

図版３　中江千別翁歌碑除幕式（前列中央が中江馨氏。昭和４年）

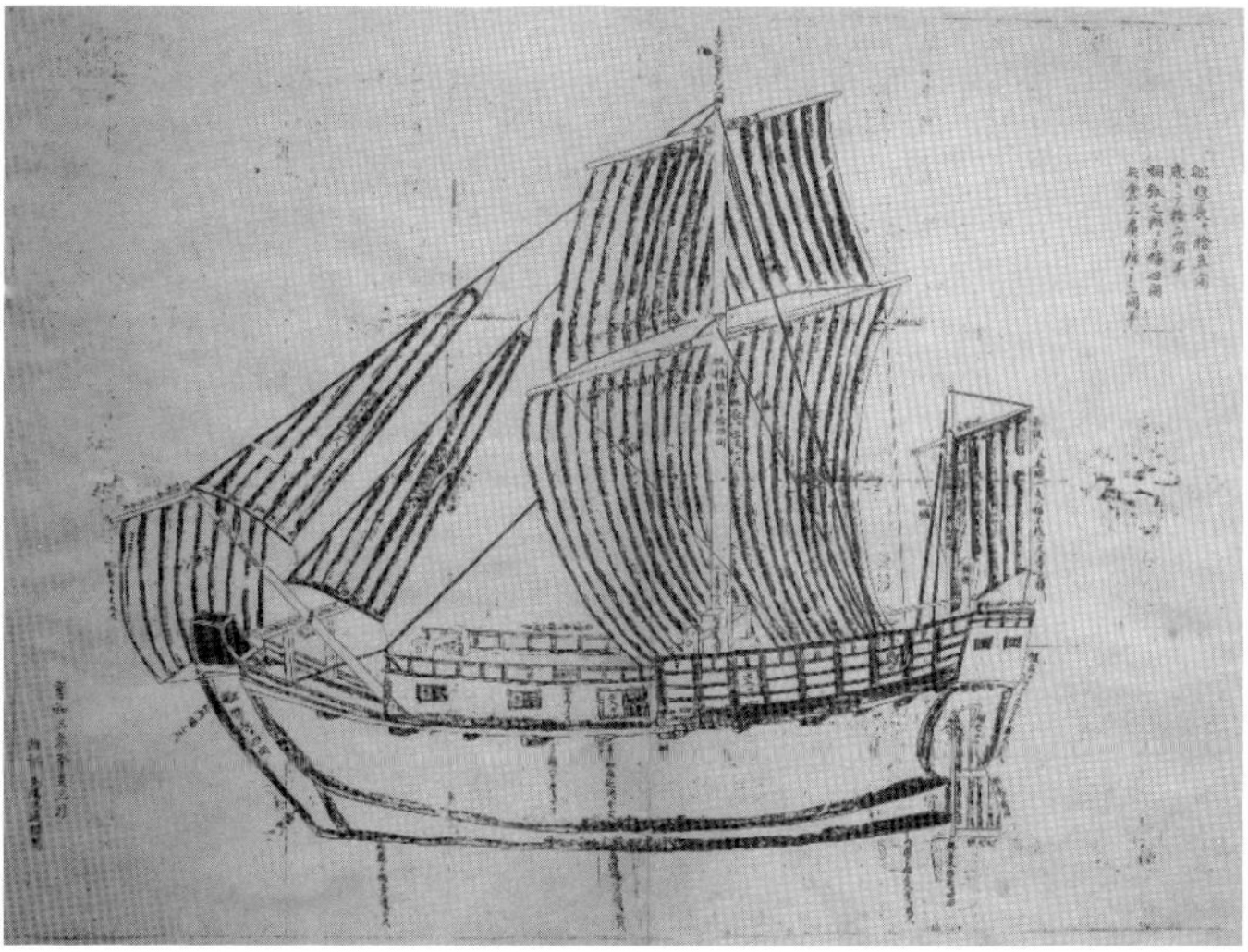

図版４　馬場正通摸写の三国丸絵図（享和３年）馬場正則氏蔵

図版５　青柳小学校創立五十周年記念式（背後の建物は講堂。大正 14 年）

図版６　青柳村役場（奥に少し見える建物は青柳小学校）

図版７　青柳青年会（昭和 13 年１月。23 名のうち 12 名が戦没）

図版８　出征軍人の留守家族（慰問軍事郵便はがきの裏に印刷）

図版９　梵鐘の出征（向かって右は佐々木信隆住職）勝安寺蔵

図版 10　敬老会出演者記念撮影　きんとく蔵

(戦後のいまだ娯楽のとぼしい時代に流行った素人演芸会。昭和 25 年 4 月 1 日)

図版 11　青柳井堰普請作業　馬場憲二氏蔵

(安曇川最下流の井堰ゆえに干天時の取水は苦労をきわめた。昭和 25 年 5 月 26 日)

図版 12　日吉神社春の例大祭（昭和 17 年 5 月 15 日）　馬場憲二氏蔵

図版 13　日吉神社春の例大祭（昭和 28 年 5 月 15 日）　宮川久男氏蔵

図版 14　日吉神社春の例大祭（昭和 3 年 5 月 15 日）　山野正一氏蔵

図版 15　十三号台風による安曇川堤防決壊の無残な爪跡　青柳区蔵

図版 16　二ツ家から太田神社（杜と松並木）方面を望む　青柳区蔵

昭和・平成の青柳を語る

青柳区

はしがき

本書は、青柳《あおやぎ》区、もう少しくわしくいうなら「滋賀県高島市安曇川町青柳」であるが、平成の大合併までは「滋賀県高島郡安曇川町大字青柳」、また戦後間なしの昭和の大合併までは「滋賀県高島郡青柳村大字青柳」という地縁団体における昭和から平成にかけての約一世紀、そこに生起したさまざまな《できごと》を、残存する各種の資料から採取したものと、さらにその昭和・平成の時代を生きぬかれた区民のかたがたに公募した《懐旧談》とを、取りまとめたものである。そのさい《懐旧談》には、過去、安曇川町広報等に寄稿せられた物故者の貴重な原稿も、あわせて載せることにした。

本書を発刊しようとした意図ならびに本書の特徴は、次の三点にまとめることができよう。

現在、戸数四百数十余の青柳区は、琵琶湖の西方、安曇川右岸平野のほぼ中央部に位置することから、古くからの純農村集落であったが、近年、青柳区の西端をはしる国道161号バイパスの開通（現在は側道のみであるが）にともなって、その両側の沿道には「道の駅」や大型複合店舗などが進出せられたことにより、付近の景観がまたたく間に変貌をとげた。こうしためざましい宅地開発は、今後もその周辺において、じゅうぶんに予想されるにちがいない。これによって、古くから受け継がれてきた慣習や生活環境などがすたれてしまい、ついにはその記憶さえも区民のあいだで消え去っていくことは、予想し得るのである。これが本書刊行のいちばんの意図である。

つぎに本書の特徴としては、一般的によく知られる《通史》の形態をとらずに、どちらかといえば

《史料集》というような内容にとどめた。というのは、中規模な農村集落だけの範囲にかぎって、しかもそうおおくはない断片の史料でもって一貫の《通史》を書きつづるというのは、根本的に無理があり、それによって読者から、想像の歴史構築と揶揄されても致し方ないことになる。それよりも、各種文献資料を原本のまま掲載することによって、区民一人ひとりに、また読者一人ひとりにより正確性のたかい《第一次史料》を提供することのほうが、むしろ意義あるものとかんがえた。

第三点としては、前項ともいくぶん関連するが、青柳区のような中規模集落にあって古代・中世の時代から叙述するという手法は、これは一種の《お国自慢》のようなものであって、学術的にもほとんど価値がないといっても過言でない。本書が、むしろ昭和・平成の一世紀に焦点をあてたのは、さきの第二次世界大戦をはさんで、わが国全体が未曾有の時代に遭遇し、しかもその戦中・戦後の苦難の時代を体験せられた人々の《生の声》を後世につたえることは、これからを生きる私たちの重要な《指針》となり得ると思われたからである。

なおまた、「第一部　昭和・平成の青柳事典」に掲載した文献資料のあとに、それぞれ簡略な「解説」をつけくわえたが、それは資料のもつ意味やその歴史的背景について概略的に言及したものであるので、あくまで参考ていどに読んでいただければ幸いである。

最後に、本書の作成にあたっては、座談会の開催など、とりわけ老人クラブ「青柳延命会」の会員各位の熱心なるご協力を得たことに対して、ふかく感謝申し上げる次第である。

二〇一九年一月

青柳区

目次

【第二部】 昭和・平成の懐旧談

表紙挿絵――馬場　葵
（表）旧青柳区会議所
（裏）式内社与呂伎神社
編集協力――北川三吾

【第一部】

昭和・平成の青柳事典

凡例

一、第一部は、昭和から平成にかけての各種文献や諸史料、あるいは旧安曇川町広報誌・新聞記事などから、青柳区に関係するものを選び出し、採録したものである。不要と思われる箇所には、（中略）（後略）と明示した。時間をかければ、さらに新たな資料の発見もあるかと思われるが、遺漏という点ではご寛恕を乞う次第である。なおまた偶然に、大正期のめずらしい資料(一)〜(三)を発見したので載せることにした。

一、六八篇の資料は、原本のとおり掲載したので、歴史的仮名遣いの文章はそのままにした。すなわち《史料性》を重視したことにもとづく。ただし、旧字体の漢字は新字体にあらため、また句読点をごくわずかであるが付した。これは読者の便宜をはかってのことである。

一、明らかに誤植と思われる文字には、訂正をほどこした。

一、掲載資料の順序は、その文献や新聞等の発行年次にもとづいた。したがって、資料内容の歴史的新旧は逆転している場合がある。

一、資料が列記されているばあいには、便宜上、ａｂｃ…記号をふした。

一、資料のなかに出てくる書籍名は、『　』記号でしめした。

一、資料の判読不明瞭な箇所には、□□記号でしめした。

一、資料の最後には、（　）記号内に出典を明らかにした。このうち昭和二十年代の新聞記事は、滋賀県立図書館所蔵の新聞マイクロフィルムによった。

一、【解説】は、資料の歴史的意味するものや、その背景などを補足説明したのであるが、それもごく最少字数の解説にとどめた。

一、個人資料の提供や助言にあずかった中江茂和氏、宮川久男氏、藤井忠氏、馬場正則氏、柴原忍氏、中江喜義氏等には厚く謝意を表する。

(一) 青柳尋常高等小学校運動会番組

大正七年十月

回次	種類	学年	回次	種類	学年
一	徒歩	尋二男	一六	フットボール	尋五以上男
二	糸巻競争	尋五女	一七	徒歩	尋三男
三	徒歩	尋一男	一八	姉妹	高女
四	共同一致	尋三四男	一九	豆嚢	尋四男
五	スプーン	尋四女	二〇	徒歩	尋一女
六	徒歩	尋六男	二一	抽籤	尋五男
七	牛若丸	尋二男女	二二	達摩送り	尋二男女
八	徒歩	尋三女	二三	生徒	尋一男
九	球突	高男	二四	天女	尋三四女
一〇	色板拾ヒ	尋一女	二五	綱引	尋五以上男
一一	徒歩	尋五男	二六	毬拾ヒ	尋二女
一二	亜鈴競争	尋三四男	二七	両面競争	尋三男
一三	徒歩	尋二女	二八	徒歩	尋四女
一四	桃太郎	尋一男女	二九	登校準備	尋二男
一五	時雨	尋六女	三〇	花輪ダンス	尋五以上女
三一	徒歩	尋四男	三七	体操	尋五以上男
三二	子守	尋三女	三八	リレー	青年団支部
三三	リレー	高男	三九	奨励競争	尋四以下
三四	旅装	尋六男	四〇	一千旗	全童
三五	徒歩	尋五女			
三六	旗送	尋六女・高女	番外	来賓・青年団・実補生等	

(中江茂和氏所蔵資料)

【解説】 この年の七月に鈴木三重吉主宰の童話童謡雑誌「赤い鳥」が創刊された。また小学校国語読本ハナ・ハトがつくられ、翌年から使用された。これまでになかった子どもの感性を重視した教育が生まれた。運動会種目には、昭和十年代見られる《戦時色》《軍事色》を思わせるようなものは見当たらない。

(二) 高島郡役所撰「高島郡ノ歌」

大正八年六月

一、吾等《われら》の住《す》める高島《たかしま》は　昔《むかし》かしこきすめらぎと
国《くに》の名《な》をゝふ聖人《せいじん》の　生《うま》れ給《たま》ひしよき地《ち》なり

二、東《ひがし》に琵琶《びわ》のうみ清《きよ》く　西《にし》に重《かさ》なる山青《やまあお》く
山城丹波越前《やましろたんばえちぜん》や　若狭《わかさ》の国《くに》に隣《とな》りせり

三、湖辺《こへん》に沿《そ》うて南北《なんぼく》に　田畠《たはた》は広《ひろ》く開《ひら》けつゝ
面積四十余方里《めんせきしじゅうよほうり》　水陸共《すいりくとも》に益多《えきおお》し

四、南《みなみ》は大溝此町《おおみぞこのまち》は　世々分部氏《よよわけべし》の住《す》みにし地《ち》
世《よ》に知《し》られたる探検家《たんけんか》　近藤氏《こんどううじ》の墳墓《ふんぼ》あり

五、誰《たれ》もひとたび来《き》て見《み》よや　高島山《たかしまやま》の奥深《おくふか》く
岩間《いわま》を落《お》つる八池《はち》の滝《たき》　たぐひ稀《まれ》なる奇観《きかん》なり

六、しらすな清《きよ》く流《なが》れ来《き》て　水尾《みずお》を貫《つらぬ》く鴨川《かもがわ》の
橋《はし》のほとりのわかれ路《みち》　沿《そ》うて下《くだ》れば藤樹道《とうじゅみち》

七、仰《あお》げば高《たか》き藤《ふじ》の花《はな》　昔《むかし》ばかりか今《いま》も尚《なお》
残《のこ》れる書院《しょいん》ゆかしみて　詣《もう》づる人《ひと》の絶間《たえま》なし

八、道《みち》をたづねて青柳《あおやぎ》の　北《きた》に出《い》づれば安曇《あど》の里《さと》
泰山寺野《たいさんじの》は西南《にしみなみ》　硯石出《すずりいしだ》す阿弥陀山《あみだやま》

九、三尾《みお》の里《さと》をは其昔《そのむかし》　天今日嗣《あまつひつぎ》を知《し》らしたる
二十余六代《はたまりむよ》のすめらぎの　生《うま》れ給《たま》ひし其地《そのち》なれ

一〇、御父《おんちち》命《みこと》彦主人《ひこうし》の　王《おう》の御墓《みはか》と昔《むかし》より
語《かた》り伝《つた》ふる常磐木《ときわぎ》の　木立《こだち》たふときところあり

一一、安曇川筋《あどがわすじ》の広瀬村《ひろせむら》　鮎釣《あゆつり》いとも面白《おもしろ》し
其水上《そのみなかみ》は朽木谷《くつきだに》　今《いま》は道路《どうろ》も開《ひら》けたり

一二、近江《おうみ》に旧《ふる》き朽木氏《くつきし》の　陣屋《じんや》の跡《あと》や今《いま》いづこ
足利義晴其《あしかがよしはるその》むかし　住《す》みにしあとは興聖寺《こうしょうじ》

一三、木立小暗《こだちおぐら》き谷間《たにま》より　筏《いかだ》を流《なが》す安曇川《あどがわ》の
その川口《かわくち》は船木崎《ふなきざき》　鮎鱒鰣《あゆますはす》のれふばなり

※以下省略

（「滋賀県高島郡報」第二八三号付録、高島郡役所、一九一九・六・三〇）

【解説】全部で二七番まであり、高島郡を代表する名所旧跡などがひとわたり綴られている。小学生の歴史学習にとって、また郡民にとっても格好の愛唱歌であったと思われる。曲は「四面海もて囲まれし　我が敷島の秋津洲……」という軽快なテンポの「日本海軍」であった。八番の歌詞に「青柳」が載せられているので、本書に掲載したものである。

（三）教員講習修了証

大正八年八月

中江源一

講習証

一、中江藤樹ト今後ノ教育

講師　東京帝国大学文科大学教授文学博士　井上哲次郎

右ハ大正八年八月六日ヨリ十日マテ五日間

前記ノ項目ニ就キ講習セシコトヲ証ス

大正八年八月十日

滋賀県教育会長正五位勲五等　堀田義次郎　㊞

（中江茂和氏所蔵資料）

【解説】　堀田義次郎は、滋賀県知事で滋賀県教育会長を兼任していたので、当該教員対象の講習会は大津の県庁において開催されたものと推測できる。講師の井上哲次郎（一八五五―一九四四）は、その当時わが国を代表する思想哲学界の重鎮であって、『日本陽明学派之哲学』『日本朱子学派之哲学』などの不朽の名著がある。郷土の偉人にたいする県当局の顕彰教育の積極姿勢がうかがえる一件といえよう。

（四）『高島郡誌』に見る社寺

昭和二年七月

a．日吉神社

村社。青柳村大字青柳字万木に鎮座す。青柳の氏神なり。祭神阿夜訶志泥命、市寸島比売命、橘比売命、勧請年代詳ならず。大正六年十一月七日、神饌幣帛料供進社に指定せらる。祭日旧四月初辰日、明治になりて五月十五日とす。境内千四百十九坪。本殿、末社三社秋葉神社（祭神火結神）、稲荷神社（祭神忠茂大神、武丸大神）、天満神社（祭神菅公）。

b．太田神社

青柳村大字青柳字貫正寺に鎮座す。祭神大田神、宇須売命。旧新宮と称せり。社地は太田の馬場と云ふ。往古は広くして慶長七年の検地帳に此地に接して上古鳥居、下古鳥居、御手洗、伏し拝み等の字あり。皆上古の社地なりと云ふ。文政五年、旧万木村の人中江千別、式内大田神社なりとて大田神社古跡処碑を建てたり。碑今存せず唯礎石のみ存せり。碑文は藤井高尚の撰なり、其文松屋文後集に収む。古来青柳は旱害を受くること数なり。旱魃の時は当社に雨乞祭をなす。境内千三百六十九坪。

c．与呂伎神社

青柳村大字青柳字古森（旧島村）に鎮座す。祭神子守神、勝手神。旧古守社と称す。式内与呂伎神社なり。社地は即ち万木の森の遺跡の存するものと云。境内二百三十六坪。松杉の老樹多し。

d．八幡神社

青柳村大字青柳字梅の木に鎮座す。祭神誉田別命、厄神、玉垂神、香椎神。本社は伊豆国白井荘に鎮座ありしを、建治三年、白井善内此に移住したる時に奉遷して子孫相続きて崇敬し来れり。明治維新の際村に引継ぐ。正月十九日、厄神詣と称して諸人の参詣多し。境内千七百七十五坪。末社貴船神社あり。

e．神宮寺（廃寺）

青柳村大字青柳、今の青柳尋常高等小学校敷地内にありき。本尊聖天。明治維新前は東万木村に頭衆（堂方）と称して中江、西川両姓の者十七人にて当寺を維持し、氏神日吉宮の神事を司れり。文化四年、村方と神事の訴訟起れり。本寺に中江源左衛門が祖先の黄檗山の僧なりしものゝ寄附せし涅槃像あり、毎年三月十五日、涅槃会を行へり。明治維新神仏分離の際、境内にありし天満宮は日吉社内に移し、本尊聖天は浄土寺に移して廃寺とし、涅槃像は頭衆仲間持廻りにて毎年涅槃会を修す。

f．浄土寺

青柳村大字青柳字万木に在り。浄土宗鎮西派、京大恩寺末に属す。本尊阿弥陀如来、開基岦恩、元和九年十月九日の創建なり。境内二百八十一坪、本藤、庫裡、檀家三十六戸。

g．徳常寺

同村大字青柳字島に在り。真宗本派、京西本願寺末に属す。本尊阿弥陀如来、開基教雲。元亀元年十月の創建なり。元徳常坊と称し天台宗にして字大将軍の地にありしが、織田氏の兵火に焼亡したりしを、此に再興したりと云ふ。境内二百十七坪、本堂、庫裡、檀家二十戸。

h．徳正寺

青柳村大字青柳字万木に在り。真宗大谷派、京東本願寺末に属す。本尊阿弥陀如来。開基正誓、俗姓中村五良右衛門は万木城主能登守高城の末裔なり、朽木氏に仕ふ。天正の兵乱に本願寺顕如に帰伏し、本寺を創建す。天正十二年八月二十六日寂す。某年火災に罹り、享和元年再

建す。境内二百十五坪、本堂、庫裡、檀家六十戸。

i．勝安寺

同村大字青柳字万木に在り。真宗大谷派、京東本願寺末に属す。本尊阿弥陀如来。開基釈空道法師（大永四年十月二十三日寂す）。本寺は元は天台宗にして実相院と称し、大字青柳字実相坊に在りしを現今の地に移せり。此時空道、蓮如に帰依して改宗せりと云。第四世円誓の時、寺号勝安寺を許さる。明和四年十二月十八日、夜隣家より火起り回禄す。境内百六十一坪、本堂、庫裡、檀家二十五戸。

j．善号寺

同村大字青柳字万木に在り。真宗大谷派、京東本願寺末に属す。本尊阿弥陀如来。開基祐善（大永五年三月十五日寂す）。境内百五十四坪、本堂、庫裡、檀家二十一戸。

k．観音堂

同村大字青柳字島に在り。祐徳庵と号す。大溝瑞雪院末に属せり。本尊千手観音。境内六十六坪。

（『高島郡誌』、高島郡教育会、一九二七）

【解説】 ①八幡神社の中で「祭神…香推神」とあるが、この「香推神」は「香椎神」の誤植であろう。②現在、観音堂にまつる本尊は厨子に奉安された「千手観音立像」であるが、その厨子の右隣りにはりっぱな「薬師如来坐像」（鎌倉時代の作か）が安置する。本来の彩色がなくなり、その損傷もはげしい状態から推測すると、もともとは天台寺院として創建されたのであるが、その後は雨漏りがするほどに、建物は荒廃の一途をたどった。江戸時代、その現状を見かねた臨済宗東福寺派の僧が、千手観音をまつる御堂として再興した。祐徳庵というのは、その禅僧の名前を採られたのではなかろうか。

（五）『高島郡誌』に見る名所旧跡

昭和二年七月

a．万木森跡

青柳村大字青柳に在り。『輿地志略』に曰、「万木の森の古跡、東万木村の二町許北にあり、其旧跡とて杉の木五七本残りあれども、按するに今の東西万木の二村の近辺古昔悉く森なるべし、清少納言『枕草子』によろつになつかしからねとゆるきの森にひとりはねしとあそふらんこそおかしけれ、とかけるも爰の事なり、土俗一名を鷺の森の旧跡といふも理りなり。亦万木の原とも詠せり」。『淡海温故録』に曰、「鷺ノ森天王爰ニ後鳥羽院行在シテ勅ヲ以テ国々所々ヨリ万木ヲ寄集メ植サセ玉ヒテ、凡木ノ集リタル杜トテ改名在テ万木ト号ス。

後鳥羽院

いかなれは万木の杜の群鷺の今朝しも殊に立さはくらん

白き鷺独はねしの声すなり万木の森の夕暮の空

当所ヲ鷺ノ森天王ト申スヲ、万木ノ天王ト御改号ト云、歌ノ心ニテ見時ハ、元ハ青柳ノ里ト云ヲ万木ノ里ト改名歟ト疑フ大略ハ如斯ナルヘシ、乱前ナレハ柳ノ糸ハヨレマトヒ乱ルト云ヲ忌テ御改名成ヘシ」。後鳥羽天皇以前に既に万木の名あれは天皇の御改号となすは誤なり。青柳里の事は次条参照すべし。天王は今の与呂伎神社なり。

(後略)

b. 青柳橋

青柳村大字青柳、与呂伎神社前の橋を青柳橋と云ふ。一の名所なり。此あたり即ち青柳里なりしか。東万木村人関宗順、古跡を顕彰せんと欲して弘化三年八月此に一碑を建つ。文は前田長畝撰し、関研書す。

青柳橋在高島郡東万木邑之東天王祠前、古謂之鷺森天王、古人所詠亦多、其事足徴矣、邑人関宗順翁、恐古跡之湮没、近就其地植一柳樹、又欲建石以標識焉、使予記之、予深感翁之志、輙題数字、以表其事云

弘化三年丙午八月

名寄　春風の緑りによれる糸なれは乱れにけりな青柳の森　甲斐

夫木集　暮て行春や是より過ぬらん花ちり積る青柳の橋　堀川右大臣

(後略)

(『高島郡誌』、高島郡教育会、一九二七)

【解説】 碑文の撰者前田長畝(一七九〇―一八五八)は、大溝藩士で幼少より学問を好み、梅園と号し、通称小右衛

門と称した。『創守録』『鴻溝録』『梅園詩集』『梅園文集』などの著書がある。前掲の「碑文」を訓みくだしすると、次のとおりである。

「青柳橋は高島郡東万木邑の東、天王祠（＝与呂伎神社）の前に在り。いにしえこれを鷺の森天王と謂い、古人詠ずる所亦た多く、その事徴するに足る。邑人関宗順翁は古跡の湮没を恐れ、近くはその地に就いて一柳樹を植う。また石を建てて以て標識せんと欲し、予をしてこれを記さしむ。予、深く翁の志を感じ、輒ち数字を題して以てその事を表す。

弘化三年（一八四六）丙午八月」

（六）『高島郡誌』に見る先人たち

昭和二年七月

a．馬場正通

字は子成、通称源二郎、後右源次に改め、又寛蔵と云ふ。青柳村大字青柳の人三郎助の二男にして、安永九年に生る。幼にして学に志し、結髪して大溝侯に仕へ、寛政九年、十八歳にして初めて江戸に従役し、翌年国に帰る。正通もとより志遊学にあり、係累を屑とせず、病を以て仕を辞し、父兄に請ひて江戸に遊び、三河田原藩の鷹見爽鳩に就いて学ぶこと数年なり。佐藤一斎と同門にして乃ち交を訂す。時に正通、家産甚だ豊かならず、学資頗る給せずと雖も、刻苦精励、志益堅く、才藻に富むども、詞章記誦を屑とせず、経世を以て念とす。偶々幕府、松平忠明、石川忠房、羽太正養等に命じて蝦夷地を巡検せしむ。正通乃ち正養の部下湯浅某に属して一行に加はる。発するに臨み、吟じて曰く、

三歳東都客、春色一心悲、更絹河辺柳、双涙長於糸。

阿処無天地、天地即我居、誰知南国鳥、今為北溟魚。

正通の江戸を発せしは享和元年二月に在り。三月末、南部佐井港に至り、四月一日海を渡って箱館に達す。是より蝦夷内地を探り、終に国後島の跡弥（アトイヤ）に至る。蝦夷山中作と題する詩に曰く、

昨浮南部海、今陟北毛山、天涯道無限、不知何日還。

此年十月江戸に還り、勘定奉行中川飛騨守忠英に仕ふ。既にして志を得ずして辞去し、尋で箱館奉行羽太正養に仕へ頗る知遇を蒙る。文化元年、正養の任に函館に就くや、正通従役し、正養に乞ひて其地に学舎を設け、徒を

集めて学を講す。従学する者漸く多し。然るに未だ期年ならずして危疾に罹り、文化二年春江戸に帰りて遂に起たず。三月二十七日、満腔の志業を抱いて没す。年二十六、駒込蓬莱町の清安寺に葬る。死に臨み墓銘を師爽鳩、友一斎に託す。著はす所『造幣策』『辺策対矇』『万木雑稿』『長夜余論』『蝦夷今古変』『浮宝志』『天変説』『弑君弁』『大福神論』『ゆるき物語』等あり。正通の兄三郎助の家は今に存して醤油醸造を業とせり。（後略）

b. 岡田季誠

諱敬、通称十之丞。東万木村の人、同村朽木家の老臣なり。父を仲実と云ふ。中江藤樹の門人なり。母は熊沢蕃山の妹美津女といふ。季誠生れし時は藤樹既に没し、父にも幼にして別れしかば、中江常省に従つて学ぶ。藤樹書院にて元服す。常省賓たり、笠原竹友理髪す。常省、文を作りて激励す。藤樹の著書の刊行されたるものは、『翁問答』『鑑草』、大学及び中庸の『解』、『孝経啓蒙』『医筌』『春風』等ありと雖も、其他に未成稿のまゝにて伝はりしものもあり、又門弟等に送れる文も多きを以て、季誠は此等を蒐集大成せんと欲し、残篇遺文の諸国に散在するものあるを聞けば、必ず之を求めざることなし。其疑はしきものは常省に質し、或は藤樹門人の備前に仕事せる泉仲愛、加世季弘、中村叔貫等に送りて之を正す。而して我家蔵する所のものと併せて『藤樹全書』を編成せり。此書成れる時、常省江戸に在りしを以て送りて校閲と其序とを求む。時に江戸に大火ありて、不幸にして其書も亦灰燼に帰せり。季誠復た其草稿を集めて再び完成す。時に常省既に没せし後なるを以て、其書家に蔵す。享保七年十月、三輪執斎之に序したるも未だ刊行せず。草稿は明治三十九年八月、藤樹書院が末裔岡田元誠より買収せり。季誠、別に『藤樹先生書簡』『倭文藤樹先生書簡拾遺』を編す。又同時に元誠より書院に奉納し、今に存す。季誠、延享四年十月四日没す、享年不詳。

c. 関藍梁

名は関研、字は克精、藍梁又は湖西と号し晩に専静と号す。通称研次、青柳村大字青柳字東万木の庄屋八右衛門の子なり。文化二年四月七日生る。九歳の時、祖父宗善に従ひて京畿に遊ぶ。妙齢にして能書の誉あり。後江戸に遊び鹿児島の教授児島志堅に学び、志堅没せしかば、文政五年三月、林大学頭に師事し尋で昌平黌に入り、業大に進む。天保二年十月、膳所侯世子の侍講となり、十一年十月同藩に仕へ、表小姓組となりて文学を典り、明年正月膳所に移る。文久二年五月、特に進められて鎗奉行に班せらる。藍梁、才学多能、殊に詩及び書に長じ、名声府下に囂しく朝野の子弟、贄を其門に執るもの多し。安政元年、米艦来航の際林大学頭に従ひて応接の事に当り、書記に任ず、幕府銀若干を賜ひて其労を賞す。異数なり。時に清人羅森、提督ペルリに従つて米艦に在り、七律を賦して和を求む。藍梁、席上和韻して之に酬ゆ。使命を終へて後、藩侯に見る所を建言し、開港貿易の為め、国産を奨励するの必要を説き即ち膳所町の園山（大字別保）に茶園を開く。文久二年閏八月十六日没す、年五十八。江戸下谷西徳寺に葬り、墓碑に大学頭林昇の撰文を勒せり。藍梁、人と為り渾厚温籍絶えて崖岸なく、少より学を嗜み詩に長し、書札を善くす、名声一時に噪しく業を受けし者多かりき。著はす所『駢題詩襄』及『遺稿』若干巻あり。子機、維新後膳所に居り遵義堂に教授したりしが、廃藩の後東京に移れり。

d. 中江千別

通称硯屋久右衛門、白檮舎と号す。東万木村の農中江佐五兵衛の男なり。明和四年生る。性剛直にして人に譲らず。幼より文筆を好み、図書を愛翫せり。寛政の初年、京に上りて伴資芳に就きて国史国文を修め、六年伊勢神宮に参詣し、荒木田久老に知られ、明年また伊勢に到り荒木田・度会の両家につき其蔵書を閲す。時に其家系の天智天皇の皇子河島親王の裔春原朝臣に繋るを知り、爾来特に皇朝の学に意を注ぐ。享和二年、名古屋にありて『古事記伝』を通覧し、本居宣長の学徳を崇信し其門に入らんと欲す。文化八年、伊勢に到り、久老が七年の忌を訪ひ其墓に展し、本居家を訪ひて春庭に謁し、其門に入り年来の志を達す。此時宣長没後満十年なりしかば

あひ見しもまたあひ見ぬも敷島の一つ道にぞ今日偲ばるゝ

十三年春、京に上りて本居大平に謁し数月滞りて皇典歌文の疑義を正し、同年十一月又伊勢に赴きて荒木田久守に謁す。かくて文化十四年より文政の五、六年にかけて、京に上りては城戸千楯と交り大阪に出てゝは村田春門と親しみ、紀州に入りては加納諸平と談り、備中に到りて

は藤井高尚と親しみ、江戸にては清水浜臣と語らへり。文政七年春、高尚が高島硯を称して千別に贈れる一章あり曰く、（中略）以て其の志を見るべきなり。千別は農を家業としたるが、その閑なる時には高島硯を行商するを副業とせり。以て東西の名士に交る便宜を得る事多かりき。（中略）文政十年の頃より大阪の同志と契りて、斯道の為めに成すことあらんとして、毎歳一回づつ彼地に往来したりしが、天保七年村田春門没したれば、滞坂して其子春野等と議り、やゝ其緒に着きたりしに、大塩の乱に会し、市中紛騒甚しく学事の談などに至りては口言すべくあらざる勢なれば、先づ安全の地に暫く仮寓したるに病に犯され、八年三月二十七日没せり。享年七十一。（中略）遺稿に『白檮の若葉』十巻あり、近年、逸見仲三郎の編める『千別翁歌文集』二巻あり。又近江の名所誌を著はすべく稿を起したりしが、成れるや否や今詳らず。

（『高島郡誌』、高島郡教育会、一九二七）

【解説】 四人の生没年および姓名の読みは、次のとおりである。

馬場正通（一七八〇—一八〇五　ばんば・まさみち）

岡田季誠（？—一七四七　おかだ・すえしげ）

関藍梁（一八〇五—一八六二　せき・らんりょう）

中江千別（一七六七—一八三七　なかえ・ちわき）

このうち関藍梁にかんする前掲の記述は、大学頭林昇撰の「墓碑」をそのまま採用されたものと思われる。したがって、藍梁の学術研究は、今なおお手つかずにあるのが実情で、まことに惜しまれる。岡田季誠については、『藤樹先生全集』第五冊の「門弟子並研究者伝」において、小川喜代蔵による詳細な研究がなされている。

（七）青年講習会

昭和三年一月

高島郡青柳村青年団では、大阪修養団聯合会理事長井岡梅太郎氏を聘して来月七、八、九の三日間、同村徳正寺で講習会を開くが、九日は同村処女会の発会式も挙げる。

（「朝日新聞」滋賀版、一九二八・一・三一）

【解説】 高島市今津町在住の桂田孝司氏資料提供。大正十五年に内務・文部両大臣が初の女子青年団の組織化にかんする訓令・通牒が出され、翌昭和二年には全国一五〇万人の処女会を統一して大日本連合女子青年団が創立されるなどの動向のなかに、青柳村青年団・処女会の講習が企画されたことになる。

（八）稲葉小三郎「千別翁邸跡歌碑建設経過」

昭和四年十月

千別翁の研究に初めて染指されたのは、私の知つて居る範囲では翁の曽孫女婿寺田閏三氏である。翁の遺稿『白檮廼若葉』十巻を繙読してその真価を認めこれを公にせうとせられ、その知友宮内省図書寮編修官補逸見仲三郎氏に謀られた。逸見氏即ち之を選抄して『千別翁歌文集』二巻を編し、其の研究を総説として巻頭に載せられた。蓋し千別翁の研究が文書となつてあらはれた嚆矢であらう。これが大正四年のことである。大正十四年、畏友元今津中学校教諭野々村修瀛君が『千別翁歌文集』を見て之が研究を志されたといふことであるが公にされるまでに至らなかつた。昭和二年、高島郡教育会発行の『高島郡誌』第一篇第六章に翁の略伝が載せられた。蓋し翁の名が活字になつた始めであらう。

私が始めて翁の名を知つたのは、前御歌所参候渡忠秋翁の研究に初まる。忠秋翁は高島郡南舟木の産、大津代官支配下人別の筆頭渡太郎左衛門攷舎の長男で、中年以後香川景樹翁の門に入つた人だが、その以前師事したのは、実に外ならぬ千別翁であつた。しかも忠秋翁が桂園門下なるを知り且つ云ふものはあるが、我が千別翁即ち白檮廼舎門下なることはあまり知られて居ないのである。とまれ忠秋翁の師匠としての千別翁について最初私に教へてくれたのは『高島郡誌』であつた。私が始めて翁の出生地高島郡青柳村を訪うたのは去る六月九日であつた。それも友人彦根高商の木村教授を安曇駅に送つての帰途、舟木に忠秋翁の遺跡を尋ねる目的で行つた途上であつた。安曇駅から先づ西万木なる忠秋翁の門下で御歌所寄人であつた須川信行翁の生れた清水家を訪ひ、更に其の菩提寺なる来迎寺に清水家の墳墓を弔ひ、それから青柳村大字青柳（古の東万木）なる千別翁の親戚なる中江寅吉氏を訪ね、その所蔵にかゝる翁の遺墨、並に前記『千別翁歌文集』を見たのであつた。そしてその後で中江氏の案内で千別翁の邸跡即ち白檮廼舎跡の今は全く桑畑になつてしまつてゐるのを見た。帰来例の歌文集を読んでゆく中に漸次翁の偉大なることが明になつて来た。

六月十六日、水甕今津支社創立満一周年記念短歌大会を大阪毎日新聞大津支局後援の下に今津中学で開いた。此の日「近世に於ける湖西の三歌人」と題して、千別、忠秋、信行三大人についてその経歴の概要を語り、その遺跡業績の研究と顕彰とがなされねばならぬことを訴へた。その反響の一つとしてあらはれたのが我が千別翁記念碑建設の事である。

六月三十日、支社同人丹草二、土永林泉、畠中晴畊の諸氏と再び千別翁の邸跡を訪うた。前安曇村長で須川信行翁の門下なる地村寅蔵氏はわざわざ行を共にせられた。そして邸跡前なる高島公立病院長江坂敏男氏邸に同人清水逸之祐氏、前記中江寅吉氏、中江栄蔵氏、西音寺香雲氏及前青柳村長で千別翁の親戚なる山野栄蔵氏と一座した。その席上江坂氏清水氏から翁の邸跡に記念碑を建てやうではないかといふ発議があつた。千別翁は硯屋であつたから碑石の材は硯石がよからうといふ話が江坂氏から出た。やかましい漢文で書いた従来の碑文よりも翁の歌でも彫つて歌碑としたらよからうともいつた。それには翁の作「皇朝初春　玉ほこのふるきまなびの道とめて春たちかへるかしの下庵」が国学者であり、尊皇論者であり、国粋主義者であつた翁の邸跡の記念碑として最もふさはしいであらうともいつた。建設資金は斯道に趣味ある文雅の士のみで作りたいとは江坂氏の主張であつた。建碑問題の基礎が出来たのは実に此の日の此の会合であつたのである。

碑面の揮毫については千別翁の師事せられた春庭翁の曽孫で、宮内省臨時帝室編修官として現に　明治天皇御集の編纂に従事せられて居る五鈴本居清造大人が適任であると思つた。

七月二十七日、栃木県西那須町に於て中江病院を経営して居られる千別翁の曽孫中江馨氏を訪うて翁の遺稿『白檮栖若葉』十巻及びその他の遺墨を見て益々翁の偉大なるに驚き、七月三十一日本居大人を東京市外東大久保の邸に訪うて碑面揮毫を依頼した。「手跡の立派なのを望まれるならば他に適任者を推してもよろしいが、千別翁と本居家との関係を重んじての御依頼ならば何とかいたしませう。」とのことで御承諾を得た。

九月一日、水甕今津支社の短歌会を今津中学で催した。

その席上この建碑事業を支社の事業として行ふことに議がまとまつた。そして建碑費は千別翁が国学者であり、歌人であり、俳人であつた関係から、一般的募集を避け、特に斯道に趣味を有せらるゝ大方文雅の士の特志寄附に待つことゝして、九月五日建碑費寄附募集許可願を今津警察署経由滋賀県知事堀田鼎氏宛出願した。

九月十四日、丹草二、江坂両氏と共に安曇村田中湖硯堂山崎三次郎氏を訪ひ石碑彫刻の件を契約した。碑材は高島硯石の一種玄生石を用ふることに決定した。

十月九日、建碑寄附金募集の件が許可せられ左の許可書を受けた。

保第四八七九号

滋賀県高島郡今津町大字今津

稲　葉　小　三　郎

昭和四年九月五日附願寄附金募集ノ件左ノ条件ヲ附シ許可ス

昭和四年十月九日

滋賀県知事　田　寺　俊　信

記

一、募集予定金額　　金五十円

一、募集区域　　滋賀県一円

一、募集期間　　許可ノ日ヨリ昭和四年十二月三十一日迄

一、募集完了ノ上ハ一ケ月以内ニ収支計算ヲ添へ当庁ニ届出ツベシ

以上

そこで即日左記趣意書を各方面に向けて発送した。

(後略)

(『かしの実』、今津水甕支社、一九三〇)

【解説】 ①南船木出身の桂園派の歌人渡忠秋は、明治初年、宮内省御歌所の参候(＝職員)となり、その門下の須川信行(旧姓清水)は、西万木の出身で、かれもまたのちに宮内省御歌所の寄人となった。そのような和歌の世界における華麗な系譜のみなもとが中江千別にあったことを、稲葉小三郎が明かにしている。②中江千別白筆本の歌集『白檮の若葉』十巻(十冊)は那須在住の遺族の所有であったが、遺族の希望により現在は、その親族である中江喜義氏宅に保存されている。

（九）中江千別翁追悼会

昭和四年十月

十月二十七日、午後二時千別翁追悼会を青柳村勝安寺（翁の菩提寺）に開催。次第左の如し。

一、一同着席

一、読経　八箇寺住職

此間焼香　司会者　稲葉小三郎氏

水甕社代表　二十二鉄玄氏

建碑工事担当者　江坂敏男氏

青柳村長　川越森之助氏

青柳小学校校長　西沢忠三氏

代理

来賓惣代　地村寅蔵氏

遺族　中江　馨氏

親戚惣代　中江政次郎氏

一、弔辞　滋賀県仏教連合会　川越森之助氏

青柳村分会長

一、挨拶　司会者　稲葉小三郎氏

遺族　中江　馨氏

追悼会終了後記念撮影。

次で短歌会並に句会を催し午後五時半散会。

当日参会者左の如し。

勝安寺　藤野　斉師　徳正寺　佐々木正寂師

善号寺　藤井誠憲師　浄土寺　佐々木信隆師

玉林寺　河合戒観師　真福寺　椋樹妙雄師

真迎寺　和田覚潤師　西音寺　北村香雲師

来賓

川越森之助氏　西川吉蔵氏　沢　白鴎氏

地村寅蔵氏　本荘伊四郎氏

遺族　中江　馨氏

親戚

中江政次郎氏　中江久次郎氏　中村儀之助氏

中江寅吉氏　白井巳之助氏　粂井粂治郎氏

粂井徳次郎氏　藤井伊兵衛氏　梅村半次郎氏

中江栄蔵氏　中島勘蔵氏　山野栄蔵氏

同人

江坂去虚氏　鎌田都城氏　川島香年氏

清水雨人氏　土永林泉氏　内藤藤波氏
西沢翠園氏　丹　草二氏　畠中晴畊氏
三田村耕庭氏　稲葉小三郎氏

（『かしの実』、今津水甕支社、一九三〇）

（一〇）中江千別翁歌碑除幕式

昭和四年十一月

十一月二十三日。午前九時青柳村社日吉神社社掌中村儀之助氏斎主として地鎮祭執行。社員総代として西沢翠園氏参列。午後零時半より千別翁碑前に於て左記の次第により除幕式挙行。

挙式次第

一、一同敬礼
一、挙式ノ辞　稲葉小三郎氏
一、工事経過申告　江坂敏男氏
一、式辞　稲葉小三郎氏
一、来賓祝辞　石井直三郎氏（丹草二氏代読）
　中村長太郎氏
　山下久次氏
一、祝電　水甕社（畠中晴畊氏代読）
一、除幕　千別翁曽孫　中江馨氏
一、一同敬礼
一、閉会ノ辞　稲葉小三郎氏

式辞並に祝辞祝電左の如し。（後略）

（『かしの実』、今津水甕支社、一九三〇）

【解説】　千別顕彰にもっとも奔走した稲葉小三郎は、旧制今津中学校の国語科教諭であり、来賓の中村長太郎は同中学校の第二代校長で、和歌山県那賀郡の出身であった。なお、歌碑に使用された材料は、まさしく一枚の《高島硯》の原石にほかならない。のちに、稲葉小三郎は彦根高等女学校の教頭に赴任している。

（一一）旱魃に関する評議員会

昭和五年六月

六月十五日、午後八時ヨリ評議員会開催　皆出席

○議題

目下旱魃ニテ植付未了。概算二百反アリ。田中井サヘモ水不足ノ有様ナレバ、降雨ヲ待ツヨリ方法ナシ。降雨アラバ大字トシテノ対策如何。

○決議

大雨ナレバ問題トナラズ。又小雨ニテモ同様ナレドモ、所謂中雨ナレバ昔時ノ如ク植付禁止ノ反対ニ、水入レ禁止ト布令シテモ当今ハ実行出来ズ。サリトテ植付ノ期ヲ失シテハ大問題ナレバ、各自徳義上例令下方ノ田ナリトモ、可成植汁ニ水ヲ譲リテ植付ヲ終ラシムコト。カカル方法ニヨリテモ尚見込付カザル場合ニハ、直チニ田中井ヘ水貰ヲ申込ムコト。

〔附記〕今夜降雨アリテ十六、十七ノ両日ニ亙リテ大部分植付ヲ終了セシモ、島の一部分ニハ残リ居リテ未ダ完了セザルニ、十八日ニハ早クモ減水シテ、十九日ハ保証シ難シトノ報告ヲ受ケレバ、午後二時、田中井へ水貰ヲ電話ヲ以テ申込。直チニ植付未了反別ヲ調査シタルニ案外少ナク、又タ発動機、或ハ水車ニテ植付出来得ル個所多ケレバ、先ニ申込タル水貰ヲ一先断ル。

（青柳区有文書）

【解説】表紙に「自昭和四年四月　決議書類編冊第二号　大字青柳」と墨書された中にある資料のひとつで、「青柳村区長用」という専用罫紙を使用する。「旱魃」「水貫い」「田中井」などの文字をして、少なくとも江戸時代からの宿命を承継してきたことがわかる。

(一二) 昭和十年一月の評議員会

昭和十年一月

昭和十年一月十日、午后一時ヨリ会議所ニテ評議会ヲ開キ、明十一日開催ノ組頭会議題ニツキ協議ス。決議セル議題ハ次ノ如シ。

一、昨年九月ノ大暴風ニテ神社ニハ多数ノ倒木アリ。コノ倒木ニヨル被害田ニ損害賠償ノ義務アリヤ否ヤ。御見舞金程度ニヨッテ賠償スルコトニ決定。其ノ額ハ氏子惣代ニ一任。

(中略)

一、風害ヲ受ケテ本殿ハ破損セリ。□修繕ト決定。

一、八幡神社ノ幟立奉仕ニヨル謝議ハ金五円。

一、拝所建設（組立式ノモノ）可決

一、神饌所ノ建設　可決
一、樹木ノ補植　可決
一、手洗舎ノ移転　可決
一、日雇賃ノ件　昨年同様

（青柳区有文書）

【解説】昭和九年九月二十一日の「第一室戸台風」による神社施設の被害の様子を知り得る資料である。「第二部」の(三)には、その当時の小学生が目の当たりに体験した日吉神社の状況が語られているので、あわせて読まれたい。

(一三) 八幡神社奉賛会寄附者名簿

昭和十年四月

一、金弐拾円也　寄附　山野栄蔵
一、金五拾円也　出支　当字会計
一、小柱　弐本　寄附　山野宗蔵
同年会
一、親柱　一本　同　太田　立岡良蔵
一、小柱　一本　田中　勝田長蔵
一、親柱　一本　寄附　中江寅吉
一、小柱　一本　同　西川亀太郎
一、小柱　一本　同　野常吉
一、小柱　一本　田中　西川宗吾
一、小柱　一本　下古賀　大西常蔵
一、小柱　一本　今市　西村治右衛門
一、金壱円也　西万木　八田久治郎
一、金壱円也　南市　伊藤医院
一、金五拾銭　若山忠治郎
一、親柱　一本　若山忠治郎
一、金弐円　西万木　松田庄兵衛
一、金弐円　西万木　村田佐吉
一、金五円也　島信徒中　代志村藤太郎
一、金参拾円也　門柱一対　志村捨次郎
一、金五円也　親柱一本　志村三之助
一、金参円也　小柱一本　旭村　河内利右衛門
一、金参円也　同　藁園　八田卯一郎
一、金参円也　同　北畑　吉広亀蔵
一、金五円也　親柱一本　藤井九二男
一、金参円也　小柱一本　藤井なを

一、表門柱　一対三十円　同志会　北川幸太郎外九名
一、小柱　一本　安井川　清水金蔵
一、親柱　一本　中島利右衛門
一、小柱　一本　中島すみ
一、親柱　一本　京都市　菱田留吉
一、小柱　一本　大阪府　山本貫元
一、小柱　一本　白井仙次郎
一、小柱　一本　苗村忠次郎
一、小柱　一本　田中　山崎政次郎
一、親柱　一本　木原市三郎
一、小柱　一本　木原一市
一、小柱　一本　木原志ず
一、小柱　一本　山野きよ
一、親柱　一本　中村儀之助
一、親柱　一本　中村重雄
一、小柱　一本　中村義夫
一、小柱　一本　中村三郎
一、小柱　一本　中村儀蔵
一、小柱　一本　中村かね
一、小柱　一本　京都　福本惣吉

一、小柱　一本　北川米造
一、小柱　一本　大津池田屋　花戸登良蔵
一、小柱　一本　同年会　白井　川崎
一、小柱　一本　藤井　二
一、小柱　一本　藤井三郎
一、小柱　一本　藤井ミツ
一、小柱　一本　北畑　多胡庄三
一、小柱　一本　太田　久米七郎
一、小柱　一本　太田　久米千代
一、小柱　一本　上寺　小川長一郎
一、小柱　一本　中江鹿吉
一、小柱　一本　中江半左衛門
一、小柱　一本　中江信太郎
一、小柱　一本　大阪　藤井和助
一、小柱　一本　庄堺　熊谷助一
一、小柱　一本　北舟木　駒井正夫
一、小柱　一本　北畑　安藤喜蔵
一、小柱　一本　上小川　渕田英夫
一、小柱　一本　横江　中村儀一
一、小柱　一本　田中　山崎政次郎

一、小柱　一本　北川くに

一、親柱　一本　深溝　藤本みつ

一、親柱　一本　深溝　藤本みき

一、親柱　一本　南市　伊藤はる

一、親柱　一本　上古賀　井上内蔵三

一、小柱　一本　下小川　川越きぬ

一、小柱　一本　下小川　川越つる

（青柳区有文書）

【解説】 ①名簿は芳名のみで事業の趣意は書かれていないが、おそらく前年の第一室戸台風によって八幡神社も被害をうけ、その復旧のためにあらたな「瑞垣（みずがき）」の寄進がおこなわれたのであろう。青柳区外の寄進者の名前をみるかぎり、青柳住民の親類縁者がそのおおくを占めていることがわかる。瑞垣は、石製の角柱であって、それらには名簿の寄進者の氏名等が刻まれている。②「同志会北川幸太郎外九名」の余白に、万年筆にて小文字で「志村武一郎、木原市太郎、中島利一、中江已之助、山野源蔵、中江美蔵、岡田伊左衛門、中江五三郎、図司太十郎」と記載されている。

（一四）松本義懿「小川寮敷地埋立工事成る」

昭和十一年十月

小川寮敷地埋立工事成る。この一言が言へる喜びを察して戴きたい。この一言にはまさに千万無量の思ひがこもるのである。七月十二日、水尾村青年団が最初の一車を曳き初めてから、九月十二日、海津青年団が最後の一杯を運び終るまで、実に六十余日、その間には青柳小学校のいたいけな児童も一日の奉仕をしたし、先生御生誕の誇をもつ上小川村でも一軒残らず出て砂を運んだ。九月に入つてからは藤樹中学を以て任ずる今津中学もまた各級一日、計五日にわたつての奉仕をした。かくして小川寮の敷地は、最初の一杯から最後の一杯に至るまで尊い奉仕によつて出来たのである。特に最も困難とされて何度か計画から割愛しようとさへ言はれた中央の池さへ、青柳青年団の特別な奉仕によつて掘り上げられ、今はもう満々として水をたゝへ青々として高い秋空をうつしてゐるのである。誰かこの一大浄業に対して頭を下げないものがあらうか。人亡び世はうつるとも仕事は残るであらう。仕事の亡びる時が来ても誠が残るであらう。私は高島郡聯合青年団に対して心からの敬意を表するものである。

この浄業が完成するためには、また個人としてかくれた多くの奉仕者のあつたこともまた永久に滅することが出来ない。聯合青年団の幹事として青柳青年団長比叡谷正顕氏は終始、それこそ雨の日風の日もこの仕事の進捗に対して指揮をとられ、上小川村の志村三次氏は庶務会計として、また藤樹神社社掌小川秀和氏は式事及び記録係としてともに毎日現場に出勤され、また青柳小学校長奥山孝裕氏、上小川村志村清太郎氏、同渕田竹次郎氏はことあるごとに現場に出られて指揮指導にあたられた。本事業の成功は一には高島青年の純真なる誠心によるものであるが、他面には以上の方々が寝食を忘れて尽酔され、しかもその各々が誠によき適任者を得てゐたことを数へねばならぬ。この点私は深く藤樹先生御神徳の御加護を有難く思ふものである。其他、現場指導に当られた渕田源之丞氏、毎日湯茶の用意を整へた八田平治郎氏、事をここに運ばれた聯合青年団長石田奥次郎氏、副団長中村市太郎氏、青柳村長西川伴三郎氏等、誠にお礼の言葉も見付からぬ程である。

かくしてともかくも第一期事業の遂行を見たのである。愈々これから第二期計画たる宿舎の建設に入るわけである。吾等の願ふところは、事業そのものが修養になるやうにといふことである。所謂事上磨練の功をこの仕事によつて為しつ為されつ進みたいこと、これである。その意味では残つて行くものは残骸にすぎないかも知れない。願はくば世の多くの志士仁人が吾等の行を助けられ共々にこの事上磨練の功を積まれむことを。（まつもと）

（「藤樹研究」第四巻第九号、藤樹頌徳会、
一九三六・一〇・一）

【解説】①小川寮とは、藤樹頌徳会（会長西晋一郎博士）が施工主体となって建てられた宿泊研修施設である。旧藤波幼稚園の木造平屋園舎がそれであって、戦後、藤樹頌徳会が休会状態となったため、松本義懿氏（一八九七―一九七六）が地元民の要望にこたえて私立幼稚園として活用した。なお、右掲の文章は、藤樹頌徳会の常務理事であった松本氏が滋賀県立藤樹高等女学校の初代校長として、東京から赴任してきた昭和十一年の時のものである。②口絵の西博士揮毫の「慎独」（＝独りを慎む。中庸のことば）は、

おそらく小川寮造成工事にさいして尽力惜しまなかった青柳村に贈られたものと思われる。それをながく青柳村役場の和室に掛けられたのであろうが、町村合併後は、青柳区会議所の備品として引き継がれた。晩年の西博士が残された貴重な書跡の一点である。

（一五）藤樹頌徳会の講習会

昭和十二年八月

昭和十二年八月一日、午後二時、評議員会開会

欠席　山野源七氏

協議題

一、藤樹頌徳会講習会員宿舎ノ件

合宿トセラレタキコトヲ今度申込ムコトトス。

二、誘蛾灯ノ件

シン竹三本を束ねて立てることに決定、準備をすること。

三、応召軍人に関する件

青年団に奉仕的に修養的に点火を希望すること。

字より金三円を餞別として贈ること。

召集令状到着の村会、出発の前日か当日か、氏神社に於テ祈願祭を執行すること。家族に対する慰問等については研究すること。

四、耕作道路ノ件

誘蛾灯配置の翌日巡視して、修繕の箇所を定め材料提出関係者をして修養せしむること。（後略）

（青柳区有文書）

【解説】藤樹頌徳会主催の「第二回藤樹書院夏季講座」が八月に実施されたが、前年八月にも同様の「第一回藤樹書院夏季講座」が行われ、いずれも西博士の講演を中心とした複数日にわたる講習会であった。全国各地からの参加者のために、会場周辺の上小川や青柳の民家に分宿したわけである。

（一六）一燈園の便所掃除

昭和十四年三月

発第一三号

昭和十四年三月十三日

青柳村長　西川伴三郎

区長　苗村忠次郎殿

一燈園ニ関スル件

今回、京都ノ一燈園主ヨリ左記ノ通リ申来リ候ニ付テハ、御多忙ナガラ貴区民一同へ御周知方御取計相成度、右御伝願申上候也。

記

三月十七日、午后一時ヨリ青柳小学校ニ於テ一燈園ノ趣旨ニ付、講演ニ付可成多数参聴セラレタシ。

三月十八日、

1　青柳村全部ニ渉リ便所ノ掃除ヲ行フ。（六万行願ヲ立テ居ラレルノデ、好ンデ掃除ヲシテ下サルノデス）

2　別ニ御礼ヲスル必要ハナイノデス。怪シンダリ遠慮シタリシナイデ、心ヨリ掃除ヲシテ頂クヨウニ願ヒタシ。

3　青柳村ハ午前九時カラ始ルカラ、若シ中食頃デシタラ、オ茶ト漬物位ヲ出シテ下サレバ結構トノコトデス。

4　ジツト見テ居ラナイデ、多少ノオ手伝ヲシテ下サレバ結構。

（青柳区有文書）

【解説】①京都山科の一燈園は、長浜出身の西田天香（一八七二―一九六八）によって創始された修養団体である。「衣食住を共同にし、他家の便所掃余をする六万行願を行う」（『日本史広辞典』）とある。②戦後まもなく、青柳小学校において父兄を対象にした西田天香の講演会が行われ、そのさい西田の署名入り『懺悔の生活』が学校に贈られている。

（一七）遺骨の出迎え

昭和十四年四月

兵発第二四号

昭和十四年四月七日

青柳村長　西川伴三郎　㊞

各字　区長殿
各種団体長殿
　　遺骨御出迎並ニ村葬執行ニ関スル件
故陸軍輜重兵上等兵松宮甚蔵氏ノ遺骨御出迎並ニ村葬ハ左記ノ通ニ決定、各種団体長並ニ区長諸氏ノ御合ヲ煩シ御協議可致筈ノ処、葬儀之前例ニ基キ執行致度存候間、誠ニ御迷惑ニ存候得共、区民及一般会諸氏ニ当日ハ精々出席スル様、御配慮相煩度此及通知候也。

記

遺骨出迎月日
　四月九日　午後四時五拾分、安曇駅着
　　安曇駅前広場ニ集合
村葬月日時
　四月十五日、午後弐時
村葬場所
　青柳村小学校新運動場

以上

（青柳区有文書）

【解説】日中戦争のころの戦没者には、りっぱな墓碑が建立されるなど、いずれの町村も国に殉じた兵士の功績をたたえた葬儀がおこなわれたが、昭和十七年以降にあっては戦況の悪化や物資の統制にともなう生活簡素化、米軍空襲の予想などによって、このような丁重な村葬などはほとんど影をひそめることになった。

（一八）応召者の見送り

昭和十四年五月

庶発第五四号
　昭和十四年五月廿五日
　　青柳村長　西川伴三郎　㊞
青柳第一区長殿
　応召者見送ノ件　通知依頼
今般、応召者トシテ応召ノ為メ、左記出発可相成候条、御多忙砌ノ折ニ候モ貴区内一般ヘ御周知ノ上、万障御繰合セ精々御見送有之様、御配意相煩度此段通知及依頼候也。

藤井治夫氏
小島平次氏
小島常蔵氏　　五月三十一日、午前七時〇分

北川文男氏
西川正克氏

藤樹神社集合

（青柳区有文書）

【解説】昭和十二年（一九三七）七月に日中戦争が勃発し、その年の十二月には南京を占領、翌年には徐州作戦の発動や武漢三鎮の占領など、中国大陸における戦線がまたたくまに拡大し、また戦略持久の方針もあって、在郷軍人の応召が次々に行われたのである。

（一九）慰問袋の割当て

昭和十四年六月

庶発第一五号
昭和十四年六月一日
青柳村長　西川伴三郎　㊞
青柳第一区長殿
慰問袋送付方ノ件　依頼
聖戦第一線皇軍将士ノ労苦ヲ慰スル可ク、銃後後援ノ熱意ト慰安ヲ送ル慰問袋ノ各方面ヨリノ御集纒ニツキテ、御尽力御配慮ヲ得、感謝至極ニ耐ヘズ候。漸ク茲ニ長□ニ入リテ今ヤ一段階、東亜新秩序ノ建設愈々其ノ緒ニ就ケルモノノ如ク、益々其ノ要緊切ナルニ鑑ミ、慰問袋発送方ニ関スル通牒モ有之。今后毎月割当トシテ別記必ズ御集纒御送付方、特ニ御配計相煩度、此段及御依頼候也。

記

大字別　毎月割宛数
青柳第一区　一七袋

（青柳区有文書）

【解説】慰問袋は、中国戦線の拡大と長期化にともなって出征兵士を慰めるために、その中に娯楽物や日用品などを入れて送られた。昭和十二年（一九三七）の社会世相として、「全国各地で、千人針・慰問袋さかん、出征のぼり・小旗の需要ふえ、幡屋繁昌」（『近代日本総合年表』第二版、岩波書店）とある。

（二〇）雨乞いの執行

昭和十四年八月

八月廿一日、午后一時、組頭集会開催
雨乞執行ノ件
八月廿一日ヨリ三日間、太田神社ニテ雨乞祈願を執行スルコト。
八月廿四日午前一時、青柳井口ニ水出来、安曇川上流ニ降雨有リタル為メ、午前七時ヨリ番水全部係員受益ニテ施行スルコト。
午后八時ヨリ太田神社へ字民全部、御礼参リヲナスコト。
八月廿五日、其筋ヨリ旱魃被害調査ヲ報告申出ニ依リ、午后二時、評議員全部出勤調査ヲ行フコト。（後略）

（青柳区有文書）

【解説】「（四七）青柳の昔ばなし」に旱魃のことが書かれており、区民の口碑にも「昔は雨乞いをした」などという言い伝えを聞くが、昭和十年代に入っても、このように実際に太田神社において「雨乞い祈願」が行われていたことに注目したい。

（二二）昭和二十年の常会記事

大東亜戦争は四年目にして時局愈々急を告ぐるの年、吾々の職責如何に重大なるかを自覚して、区民挙つて益々その職域に邁進せんことを期す。
毎月、定期常会として二回の外、随時臨時常会を開き煩瑣なる業務を処理せり。主要事項、左ノ通りにして余の運営事項は省く。（行事とて概ね上意実践が主なり）

一、祭礼ニ就テ
物質的ニモ精神的ニモ往年ニ異ルナレバ、敬神ノ心失ハザルハ勿論ナレドモ、行事ニ於テハ極メテ質素厳シュクニ行フコト、シ
1　御輿ハ拝殿ニ安置ノコト
2　役馬モ引馬トスルコト
3　祭礼当日ハ氏子揃ツテ参拝ノコト　以上決議

二、旱害ニ就テ
本年ハ未曽有ノ旱魃ニテ植付ハ意ノ如クナラズ。故ニ六月以降、隣保共同作業トシ、コク勤労農事ニ励ミタリ。六月二十二、三日及七月五、六日ノ水貰ヒニテ漸ク植付ハ完了スルモ、其の后ハ尚々旱天続キテ水稲枯死

ノ見エタレバ、更ニ八月二十日受水セリ。雑草の繁茂旺盛ニシテ除草労亦極メテ大ナルモ、区民涙グマシキ迄ノ努力ヲ払ヒ、遂ニ秋ニ成ル。（後略）

（青柳区有文書）

【解説】終戦の年の質素倹約を旨とした祭礼行事の様子とともに、この年もまた旱魃にみまわれたことがわかる。

（二二）青柳村議を減員

昭和二十四年十二月

高島郡青柳村議総辞職にともなう改選は明年一月十日行われるが、部落人口の関係から自治法により条例を改正して定員十六名を十二名に減らす。県下でははじめての減員である。

（「朝日新聞」滋賀欄、一九四九・一二・六）

【解説】議員定数を削減するために、あえて総辞職という選択肢をえらんだと推測できるが、その議員定数削減がいかなる理由によるかは知り得ない。

（二三）屋根まで浸水

昭和二十八年九月

高島郡青柳村二ツ矢部落地先の安曇川が決壊、同村の中心を一めにし、家屋流失三戸を出した。一般民家は屋根のヒサシまで浸水し、あちこちに悲鳴をあげて救出を叫んでおり、駐在所左合井巡査は首までつかつて救出に当つている。青柳村は全滅の危機にひんし、朽木村でも中心地に退避命令を出し中学校、小学校に避難した。安曇町も安曇川沿岸はほとんど全滅にひんしている。高島町も浸水家屋、床上六百戸、床下七百戸。広瀬村北詰めが決壊、石田川も今津町岸脇地先ではんらん、同字七十戸は浸水のため避難。

（「滋賀新聞」、一九五三・九・二六）

【解説】この翌日に書かれた「滋賀新聞」の十三号台風にかんする被害状況をしめす記事、すなわち「家屋流失三戸」云々は、その第一報といえよう。青柳の枝郷を「二ツ矢」と書かれているが、現行は「二ツ家」である。

(二四) 昭和二十八年度会議録より

昭和二十八年九月

○九月二十五日　午後六時
台風十三号来襲と共に西川弥太郎氏の堤防、安曇川、二ツ矢、西近江路道路決壊し、我が字は古今未曽有の大災害に見舞はれ、名状し難き惨状に、唯々ぼうぜんとして、一面の美田が一夜にして河原と化して災害現状にたゝずむばかりで有つた。
主なる被害、左の如し。
家屋の流失　十一戸　死者　十四名　床上浸水　百戸有余　死者の内、役員　中江善蔵氏
田畑の被害
流失田　三〇〇反　土砂入田　七〇〇反
冠水田　一五〇〇反
○九月二十八日　全村一家一人宛出動し、死体探索に従事。
○九月二十九日　本日より堤防決壊口の復旧作業に出動。他字各種団体の応援を受けて力強く作業を開始（四十名出動）。
○九月三十日　三十五名　組より三名
○十月一日　二十五名　〃
○十月二日　三十名　〃
○十月三日　四十五名　〃
○十月四日　四十名　〃
○十月五日　二十三名　〃
○十月六日　二十三名　〃
○十月七日　三十五名　〃
○十月十日　午後八時　評議員会　（中略）
○十月十一日　午後八時　組長会議
一、水利委員長白井伊四郎氏辞任の件を承認す。
二、後任者に馬場宇一氏を推薦する。同氏之を承認さる。
三、評議員補欠に二名推薦する。藤野斉氏、白井石太郎氏両氏承認さる。
四、故中江善蔵氏葬儀の件。字として香儀料三千円。同　造花一　五百円。供花各組一ツ。評議員一同・区長外四名　盛物一。
五、白井伊四郎氏のお見舞として作業服を一着

一千円。
六、被害者家族一世帯　字より三〇〇円。
七、井川掘作業　組より二名宛出動。
右ノ通り決定せり。
出席組長十二名　同十時閉ず。
○十一月六日　午後八時　組長会議
一、安曇川合同井堰工事出動の件。災害に依り朽木・荒川間の災害に依り、長尾の水路が土砂にうずまつた為、復旧工事を当局より依頼。其ノ旨伝達。各組より毎日一名出動に決定。
○十一月七日　合同井堰復旧工事に着手。毎日午前七時三十分、役場前に集合。トラックにて長尾現場に向ふ。
○十一月十二日　午後八時　評議員会
一、水害死者合同葬の件
香儀（三千円）　盛物（五〇〇円）
右決定せり。
○十一月十三日　午後七時より徳正寺にて通夜。
○十一月十四日　午後一時より徳正寺にて合同葬。
○十一月二十日　安曇川合同井堰復旧工事出動。現場出水の為、一時中止。
○十二月二十一日　水害の為、荒れた其のまゝの日吉神社の馬場、砂持作業を行ふ。字役員七名、馬場利益者、計三十二名出動。
○十二月二十二日　早朝より神社境内の清掃を行ふ。奉仕者、左の五名。木原市太郎、中江友一、馬場宇一、中島利三郎、白井将太郎。
○十二月二十四日　午前八時より馬場道復旧砂運び作業を各組長奉仕せり。役員共に二十名。作業後、納税協力手当金にて忘年会の意にて宴会せり。同六時過ぎ、解散す。かくして多事多難なる、まして古今未曽有の大災害に見舞はれたる昭和二十八年の幕はとざされぬ。
○謹賀新年　奮起して復旧に　努力致します　昭和二十九年元旦　（後略）
（青柳区有文書）

【解説】 毎日のように区民総出で、災害復旧に奔走していた様子が如実にうかがえる。

（二五）きょう青柳村で合同村葬

昭和二十八年十一月

高島郡青柳村ではさる九月二十五日の台風十三号で、犠牲となつた同村二ツ矢部落の十四柱（うち一名は不明）の合同村葬を、十四日午後一時から同村徳正寺で山口県民生部長ら関係者を迎えて執行する。犠牲者は次の通り。

福本房次郎（70）同みの（37）＝行方不明＝　同富美子（12）同つま（4）図司嘉市（46）同きぬ（31）同くま（70）同きよ（61）同美智子（16）同裕子（8）同栄子（6）石川庄右衛門（69）中江善蔵（56）白井豊美（1）

（「朝日新聞」滋賀版、一九五三・一一・一四）

（二六）青柳村災害復旧条例

昭和二十八年十一月

○青柳村災害復旧対策実行委員会設置条例

第一条　台風第十三号に因る農業用施設及農地の災害復旧を実施するため青柳村災害復旧対策実行委員会を設置する。

第二条　この委員会は安曇川沿岸土地改良区より委任された青柳村関係区域の災害復旧事業の企画実行を行う。

第三条　委員会は左の各号の委員をもつてこれを組織する。

一、村長、助役の職にある者　二名
二、農業協同組合長の職にある者　一名
三、村議会議員の職にある者中より　三名
四、農業委員の職にある者中より　三名
五、土地改良区総代の職にある者中より　三名
六、受益者中より　三名

但し受益者代表の一名は大字青柳農業組合長とする。

2　前項の委員は村長が選任又は委嘱する。

第四条　委員の任期は選出せられたる該職の任期中とする。

第五条　事業の実施を補助させるため復旧所属部落評議員の職にある者を協力実行員に委嘱する。
第六条　委員長は村長が、副委員長は助役が就任する。
第七条　この委員会に会計係及書記を置く。
1　会計係は青柳村収入役が担当する。
2　書記は委員長の指揮監督を受けて庶務に従事する。
第八条　この委員会に必要な規則は委員長が定める。

附則

この条例は昭和二十八年十一月二十日より適用する。

（『安曇川町50年のあゆみ史料集』、安曇川町役場、二〇〇四）

【解説】台風十三号が来襲した九月二十五日の三日後の二十八日に、滋賀県内九一の町村にたいして国の「災害救助法」が適用された。それをうけて青柳村もまた、ただちにそのための各種条例の制定などの事務的整備をおこなった。

（二七）青柳村災害復旧対策実行委員会

昭和二十八年十一月

一、人的構成
委員長　村長中島利一　副委員長　助役馬場正男
委員
・農業協同組合長（兼務）
・村会議員中より（西川吉郎平、西川謹吾、山本紋二良）
・土地改良区総代中より（北川幸太郎、中江多重郎、田中藤吉）
・受益者中より（木原市太郎、苗村忠次郎、馬場嘉美蔵）
但、受益者中の一名は青柳農業組合長の職にある者とする。
大字青柳部落役員を実行協力員として委嘱する。
会計　収入役渕田敬一良　主任　書記中江三郎
二、昭和二十八年度実施事業予定
1．農業用施設　青柳井川　一号水路　農道
2．耕地　五〇反歩

（『安曇川町50年のあゆみ史料集』、安曇川町役場、二〇〇四）

（二八）青柳村災害復旧計画書

昭和二十八年十一月

一、事業主体　安曇川沿岸土地改良区
二、事業施行者　青柳村
三、人的構成
　1．災害対策本部
　　本部長─副本部長─事業主任─会計、事務主任、
　　現場主任
　2．災害対策委員　八名
　　村会議員　二名
　　土地改良区総代　二名
　　農業委員　二名
　　受益者　一名
　　実行組合長　一名
四、年度別事業分量
　昭和二十八年度　①用水路　②農道、耕地（10分の2）
　昭和二十九年度　耕地（10分の5）
　昭和三十年度　耕地（10分の3）
五、経費
　特別会計

（『安曇川町50年のあゆみ史料集』、安曇川町役場、二〇〇四）

（二九）青柳村災害復旧工事内容

昭和二十八年十一月

台風十三号による農業関係災害の復旧工事

一、青柳村二ツ矢幹線水路復旧工事
　第一号水路　延長六一五m五〇　巾二m〇〇
　　コンクリート水路（内暗渠八m）
　　金額二、六六〇、〇〇〇円
　第二号水路　延長三五六m三〇　巾一m二〇
　　コンクリート水路
　　金額一、一九七、〇〇〇円
　第三号水路　延長二二〇m八〇　巾一m〇〇
　　コンクリート水路

金額 六七〇、〇〇〇円
合計　延長 一、一八二m六〇
金額 四、五二七、〇〇〇円

二、青柳村大字青柳水路復旧工事
水路復旧　堰体工　金額 四六二、四〇五円
護岸工　金額 四六四、〇八五円
水路工　金額 一五六、一三二円
雑費　金額 一七、三七八円
合計　金額 一、一〇〇、〇〇〇円

十月二十一日農林省の査定の結果、堰体工は削除せられ百十万円の申請は六三万八千円と決定。

三、青柳村大字青柳農地復旧工事
耕地復旧　取除土砂　金額 一六、八六四、三八六円
雑費　金額 五〇九、六一四円
合計　金額 一七、三七四、〇〇〇円

（『安曇川町50のあゆみ史料集』、安曇川町役場、二〇〇四）

【解説】 翌昭和二十九年二月十日に青柳村耕地災害復旧工事の起工式が行われる。その耕地面積は一七五反とある。

（三〇）復旧事業施行主体の変更

昭和二十九年二月

昭和二十八年水害復旧事業施行主体変更届

昭和二十八年水害復旧事業主体を左記のとおり変更しましたからお届けいたします。

昭和二十九年二月十八日
旧事業主体　滋賀県高島郡青柳村
代表者　村長　中島利一㊞
新事業主体　安曇川沿岸土地改良区
代表者　理事長　北川佐十郎㊞

農林大臣　保利　茂殿

記

所在地　滋賀県高島郡青柳村大字青柳
地区番号　一五一
箇所番号　一（農地復旧　七七・〇反
金額二、六一八千円）
同　五（水路復旧　五六二・五米
金額一、六五六千円）

変更の理由
昭和二十八年水害復旧事業の敏速適正な復旧を図るため

（『安曇川町50年のあゆみ史料集』、
安曇川町役場、二〇〇四）

（三一）公営住宅新築工事現場説明書

昭和二十九年二月

高島郡青柳村長　中島利一

昭和二十八年度国庫補助災害住宅新築工事
現場説明書

昭和二十九年二月二十六日

一、道路側溝工事は配置図並に附帯設備詳細図に基き延四二米、係員指示に従い築造し、各戸玄関入口前六尺間は杉製厚八分、板裏栈内両面防腐剤塗りとす。
一、各戸に門及び物干一ヶ所、並に四ツ目垣延一六二米、配置図並附帯設備詳細図に基き施工する事。
一、排水土管径三寸、継手箇所はセメントモルタル巻、水勾配付に埋設、並溜枡四ヶ所前記に準じ施工する事。
一、給水工事は各戸に設置、打込ポンプ径□半亜鉛鉄管浄水取可能の処まで打込み、各器具一式取付とす。

以上

（『安曇川町50年のあゆみ史料集』、
安曇川町役場、二〇〇四）

【解説】 罹災せられた村民のための復興住宅の建設が、まずなによりも急がれた。

（三二）青柳村議会（1）

昭和二十九年六月

昭和二十九年六月二日午後一時青柳村議会を本村役場に招集した。
(中略)
会議事件は左のとおりである。
一、町村合併促進協議会設置について
一、県案に基く町村合併促進協議会委員の中議会より選

任せられる委員の選任について

（中略）

○議長（馬場斉之進）　町村合併促進協議会設置についてを上程する。

○村長（西川吉郎平）　今迄の経過について報告した。尚議長からも補足願いたい。

○議長（馬場斉之進）　この案について書記朗読を命じた。

〃一同異議なし〃

○議長（馬場斉之進）　原案通り決定する。県案に基く町村合併促進協議会委員の中議会より選任せられる委員の選任についてを上程する。

○八番（藤井良太郎）　最後に選任決定してはどうか。

○村長（西川吉郎平）　委員の中四号にある職員には議事主任中島忠巳君を、第五号には農協組合長北川幸太郎君を選任承認願いたい。

○九番（北川重次郎）、七番（佐々木孝純）、八番（藤井良太郎）　賛成。

○議長（馬場斉之進）　議員中より選任することを後回しとして今の二氏を決定する。

（中略）

○議長（馬場斉之進）　村合併促進協議会委員を選任するに投票を行う。開票の結果。

八田治右衛門　八票
志村辰造　七票
志村三次　三票
中村儀一　二票

○議長（馬場斉之進）　八田治右衛門、志村辰造の両氏を選任決定する。

（後略）

（『安曇川町50のあゆみ史料集』、安曇川町役場、二〇〇四）

【解説】　昭和二十九年五月二十日、滋賀県のしめした第一次案である広瀬・安曇・青柳・本庄の町村長と正副議会議長とが、安曇町役場に集まって初の町村合併協議会を開催し、合併することで意見が一致した。この協議会が四か町村合併への実質的な出発点となり、事務的にはそれぞれの議会に歩調をあわせて同じ議案を上程審議することになる。なお、合併協議の主要な流れについては、『安曇川町50年のあゆみ史料集』（安曇川町役場刊）の「概説」に触れられているので、参照されたい。

（三三）災害復旧国庫補助等増額依頼書

昭和二十九年七月

青災第三九号

昭和二十九年七月十二日

青柳村長 西川吉郎平

高島地方事務所長殿

昭和二十九年度災害復旧費国庫補助及融資額の増額依頼について

本村復旧について格別御援助をいただいておりますが昭和二十九年度に於ける復旧計画の概要を御報告いたしますと共にこれが資金について困惑を来たしつゝ有りますので何分の御考慮御援助を御願ひします。

（『安曇川町50年のあゆみ史料集』、安曇川町役場、二〇〇四）

（三四）青柳村議会（2）

昭和二十九年七月

昭和二十九年七月二十日午後三時青柳村会を本村役場に招集した。

（中略）

○議長（馬場斉之進）　次に町村合併促進協議会設置について提案されたので上程する。

○村長（西川吉郎平）　過般の議会に既に上程その審議を一応終えているのであるが、今回合併促進も議もお互い関係町村の意向も定まって参り、これが法則による協議会を設置する段階となったので、こゝに正式文面によって提案する次第である。尚協議会に伴い規約も制定する必要があり別紙（省略）のように規約制定を提案するもので、よろしく御審議を煩わしたい。

○四番（西川弥太郎）　先般の議会でこの件について話しもあったので人選等についても承知しているが、その後の経過を一応説明願いたい。

○議長（馬場斉之進）　このことについては今迄申合せによって促進協議会がつくられていた。その協議会は今までに二回の会合を終え、相当進んだ話し合いとなって参りました。その他村長等当局者も数回会合して研究を重ねていられるようで、本日の議案を決定するまでの段階となったのである。
○村長（西川吉郎平）　今議長からも話しのあった如く、第一回会合は本庄村で中合せの協議会が開かれ、この時は最初の会合でもあって会長並事務所等の位置等について検討した。その後村長、主任者等数回会合して建設計画、財政計画の樹立に関して審議して参った。第二回は去る十七日本村で開き建設計画、財政計画その他について検討して、大体十一月三日の目標が定められた次第である。よって本日の議案のように定められた規定によって提案したもので爾後極力研究を重ね民意に副うべく努力したい考えである。
○七番（佐々木孝純）　全部承認する。
○議長（馬場斉之進）　本二案に対して異議はないか。
〝全員異議なし〟
○議長（馬場斉之進）　異議がないので原案に決定する。

（『安曇川町50年のあゆみ史料集』、安曇川町役場、二〇〇四）

（三五）町村合併促進協議会委員名簿

昭和二十九年七月

広瀬村

（議長）平井重右衛門　（副議長）木村重一郎
（村長）北川佐十郎　（助役）入江修一
（議員）大西藤九郎　（議員）広田栄三
（学識経験者）清水周一　（職員）石黒丹三

安曇町

（議長）中村市太郎　（副議長）土井巳之助
（村長）日置春太郎　（助役）藤田源之進
（議員）森本光造　（議員）早藤宗右衛門
（学識経験者）菊本一正　（職員）平井正五郎

青柳村

（議長）馬場斉之進　（副議長）北川重次郎
（村長）西川吉郎平　（助役）馬場正男
（議員）志村辰造　（議員）八田治右衛門
（学識経験者）北川幸太郎　（職員）中島忠巳

本庄村

(議長) 拝藤助左衛門　(副議長) 永田兵三
(村長) 本多久蔵　(助役) 早藤庄七
(議員) 吉川喜代治　(議員) 金田喜代三
(学識経験者) 駒井孫四郎　(職員) 青井金次郎

(『安曇川町50年のあゆみ史料集』、安曇川町役場、二〇〇四)
(旧安曇川町役場公文書)

【解説】役場職員をのぞいた合併協議会の委員は、四か町村それぞれの大物ばかりが名をつらねた。それゆえ、一定の結論が出るまでには、それこそ《口角、あわを飛ばす》ような、かなり白熱した議論がおこなわれたことは容易に想像できる。この四か町村のメンバーは、昭和二十三年にはじまった「広瀬村・安曇町・青柳村・本庄村組合立安曇川中学校」の運営などで、すでに顔なじみであったであろう。

(三六) 青柳村議会 (3)

昭和二十九年八月

八月十八日村会要領

本会議終了をつげた後、町村合併建設計画書の件について、村会をなぜ招集せずに県へ出したか、村会を無視した行動である等の意見が出て、村長は既に村会には話しをしてあるので、御承知を願うことにとゞまるとの意向をもつていたに対し、議員は書類は十日付で十四日に発送されている不手際と、内容は金を使うことばかりを掲げてある等について、意見が対立した。村長は、結局村長の責任において修正すべき点は修正することを言明したので、一応了承したようである。村長は、追つて議会の少数意見にとらわれず多数意見であれば責任をもつて修正する旨を述べた。結論として、一応内容についてお話をしてほしいとの意見が出た。依つて議員一同、二十日午後三時本会議を開いて検討することを決定し散会した。

以上は閉会後の経過であるため、会議録には書かないで別記としたものである。

昭和二十九年八月十八日

(『安曇川町50年のあゆみ史料集』、安曇川町役場、二〇〇四)

【解説】村の執行部の方でことさら事業を推進しても、議会がカヤの外におかれてしまうと、不信感がつのってギクシャクする結果をまねくことになる。執行部と議会とは、くるまの両輪のごとく連絡密にして進めていくことが、いつの時代でも大事である。執行部にしても、また議会にしてもはじめて経験する町村合併協議に戸惑いもあって、やや意思の疎通がおろそかになったのはやむを得ない。

（三七）青柳村議会（4）

昭和二十九年八月

昭和二十九年八月二十日午前十時青柳村会を本村役場に招集した。

（中略）

会議事件は左のとおりである。

一、町村合併建設計画等について

（中略）

○議長（馬場斉之進）　本日の議事日程を報告した。町村合併建設計画等についてを上程する。

○八番（藤井良太郎）、五番（志村三次）　草案作成までの経過について説明されたい。

○村長（西川吉郎平）　先づ申合せによる協議会をつくり第一回の会合は本庄村で開催、第二回は本村で開かれ建設計画案等について検討した。当時合併目標は四月一日であったのであったが、十一月三日頃の目標に変更なった。それが故に事務上も急がなければならない事態となった。いろくその間不手際なことを来たした点も多いことゝと思う。村民に対しても周知の方法をも考えていたが都合よく行かなかった。本村で開いた会議で提案されたものについては大体纏ったものについて、今は知事の意見を聞くことになった。いづれも正式申請書類ではない。

○五番（志村三次）　促進協議会の正式になったのは本村で開かれた会議のときであるか。

○村長（西川吉郎平）　そのとおりである。

※このとき協議会にして話合う意見が出て協議会となった。

要点

町名の問題について

●安曇川の安曇という字は教育上からみても、常用漢字の上からみてもよくないと思う。

●文学的にみづに通用語をもって来たものである。（村長）
●とにかく本村の意見とするとのことにもっていきたい。
●町名は一つの名称と思うので強くは言わない。
●小川町としてほしい。
●公募することがよい。
●小川町を力説した。
●風説によると本庄、青柳と新儀の一部を一括して小川村とするようなことはないのかを確かめたい。（村長）
●絶対にないと思う。
●本村からの発言は差ひかえて、他から出た場合に本村も言うことがよい。
●それでは本村としては公募を主張するが、他から小川町の発言があった場合には、その線にもっていくことでよいのか。（議長）
●その通りである。（一同）
書類内容について
●庁舎は安曇駅附近に建てること。
●常用車は買わないこと。
●助役は三名とすること。
●小選挙区は廃すること。
●いづれも伝えるが合併をそがいするようなことがあれば頑強にしいられないので、ここで確約する。（村長）
結局本日の会議ははっきりした会議の次第とならず終ること丶なった。
（中略）
○議長（馬場斉之進）会議を閉ずる旨をつげた。本村会の閉会をつげた。時に午後八時四十分であった。

（『安曇川町50年のあゆみ史料集』、安曇川町役場、二〇〇四）

【解説】断続的であったと思われるが、約十時間におよぶ本会議となった。四か町村の合併協議が《一枚岩》で進められたのでなく、最終的には妥協の産物であったことが、この記録からも少しく想像し得る。ただ青柳村のばあい、前年の水害のために相当に疲弊していたので、財政的事情からすれば合併に止む無しの雰囲気ではなかったか。川島の堤防決壊をうけた本庄村もまた、おなじような事情であったにちがいない。

（三八）安曇川町より小川村を、との声

昭和二十九年八月

高島郡南部四カ町村ブロック（安曇、本庄、青柳、広瀬）の町村合併は着々進展、十一月三日に郡下のトップで合併新発足する運びとなり、協議会では町名を安曇川町と決定したが、各町村有力者間ではこの町名に反対をとなえている。江若鉄道の安曇駅を一般には「アンド」とか「ヤスクモリ」と読まれがちで、この字を「アンド」と読む人は十人に一人もなかつたし町、村民は意向をきかずに決めたというのが不満のタネ。一方四カ町村を表徴する高島郡最大の誇は近江聖人中江藤樹先生で、先生が現在の青柳村（旧小川村）に生れたということは全国民の知るところなのでこの郷土の誇り近江聖人の出□□小川村こそわれわれの町村名とすべきであるとの声が上つており、安曇川町か小川村か、同地方の話題となつている。

〔某氏の話〕新聞紙上で合併新発足（十一月三日）を知りました。その日までに民主的な総意によつて新町名を決定すべきものであると思います。青柳村では村会を開いて村民の総意に決すべきであると問題が出ているし「安曇川町」の名は促進協議会の案であつて関係町村民が承認したわけでもないので、いずれ原案は検討されることゝ思います。

（「滋賀新聞」、一九五四・八・三〇）

【解説】この新聞記事からいえることは、おそらく町村民の意向を問うという機会を一度ももうけないまま、ともかく合併協議会のペースで「十一月三日」を目標地点に置いて進められていたということである。人口が多く、また地理的にも中央に位置する安曇町が主導的に進められていることに対する反発もあったのであろう。

（三九）青柳村議会（5）

昭和二十九年九月

昭和二十九年九月二十日午前九時第八回臨時村議会を青柳村役場に招集した。

（中略）

会議事件は次のとおりである。
一、議第六四号　安曇川町を設置することについて
一、議第六五号　安曇川町建設計画の決定について
一、議第六六号　安曇川町設置に伴う財産処分に関する協議について
一、議第六七号　安曇川町設置に伴う議員の任期について
一、議第六八号　安曇川町設置に伴う議員の定数について
一、議第六九号　安曇川町設置に伴う教育委員会の委員の任期定数について
一、議第七〇号　安曇川町設置に伴う農業委員会の委員の任期定数について
（中略）
○議長（馬場斉之進）　日程第一、議第六四号安曇川町を設置することについてを上程することをつげた。村長に原案の説明を求めた。
○村長（西川吉郎平）　本村並広瀬村、安曇町、本庄村の四ヶ町村合併問題については、既に御承知のように機運が高まり去る六月十日四ケ町村の合併協議会が成立したのでありました。爾来この問題について各種の面について各位の絶大なる御協力と御指導を賜って厚く御礼申上げます。遂に昨十九日合併促進協議会が招集され合併による協定、新町建設計画等の策定を見たのであります。本日茲にこれら一連の議案を提案した次第である旨を述べ、各議案についてそれぞれ詳細説明をなし御審議の上、可決されたいことを述べた。
○議長（馬場斉之進）　本件について質疑ないかを諮った。
○五番（志村三次）　町名については絶対変えられないか。
○村長（西川吉郎平）　現段階においては安曇川町として申請し、難点があれば今後あど川町の音を変更せざる範囲において考慮するが、これは各関係町村の議長並町村長に考慮することを一任されたい。
○五番（志村三次）　了解しました。
○議長（馬場斉之進）　他に意見はないか。
〃「異議なし」の声起る〃
○議長（馬場斉之進）　異議ないものと認め原案通り可決決定する。日程第二、議第六五号安曇川町建設計画の決定についてを上程することをつげた。説明は既に聞いているので質疑はないかを諮った。

○八番（藤井良太郎）　安曇川町建設計画書中選挙区を設けることについて記載の主旨は一応納得できるが、町村合併の主旨から考えると旧体を残す点において選挙区を廃止することが理想と思うから第一回選挙よりこの点を考慮願いたい。

〝全員八番説に「同意」の声起る〟

○村長（西川吉郎平）　この問題は青柳村代表委員はこの趣旨を発言し、議案の通過を計りましたが遺憾ながら取り上げられなかった。

○八番（藤井良太郎）　今後合併促進協議会が開催される機会があれば、更にこの趣旨を申し伝えられたい。

○村長　（西川吉郎平）　善処する。

○議長　（馬場斉之進）　他に意見はないか。

〝「異議なし」の声起る〟

○議長（馬場斉之進）　異議ないものと認め原案通り可決決定する。日程第五、議第六八号安曇川町設置に伴う議員の定数についてを上程する。本件について質疑はないかを諮った。

〝「異議なし」の声起る〟

○議長（馬場斉之進）　異議ないものと認め原案通り可決決定する。日程第六、議第六九号安曇川町設置に伴う教育委員会の委員の任期定数についてを上程する。本件について質疑はないかを諮った。

〝「異議なし」の声起る〟

○議長（馬場斉之進）　異議ないものと認め原案通り可決決定する。日程第七、議第七〇号安曇川町設置に伴う農業委員会の委員の任期定数についてを上程する。本件について質疑はないかを諮った。

〝「異議なし」の声起る〟

○議長（馬場斉之進）　異議ないものと認め原案通り可決決定する。署名議員は二名とし、その選挙は指名によることに異議がないので左の二名を推せんした。

三番　中村儀一　　四番　西川弥太郎

○議長（馬場斉之進）　これで審議は終るが村長のことばがある。

○村長（西川吉郎平）　今回政府の地方行政改革の精神に則る滋賀県知事による安曇川ブロックの四ヶ町村合併には全面的に賛成せられまして、全議案を大体において承認せられまして直ちに滋賀県知事に申請する運びになりました事は同慶の到りであり、議員諸君に対しまして衷心謝意を表するものであります。
○議長（馬場斉之進）　臨時村議会の閉会を宣告した。
時に午後二時十五分であった。

（後略）

（『安曇川町50年のあゆみ史料集』、安曇川町役場、二〇〇四）


【解説】広瀬村、安曇町、青柳村、本庄村の四か町村は、「合体合併」つまり対等合併という形をもって昭和二十九年（一九五四）十一月三日、文化の日という佳節にあわせて合併し、新町「安曇川町」の誕生をみたわけである。わずか約半年という短期間で合併実現にこぎつけたのは、戦後の新憲法のもと、旧態依然の町村から脱皮して新たな地方自治体をつくっていこうという新生の希望が、関係者の心に共通してあったのではないか。

（四〇）用水に関する回覧文書

昭和三十年六月

回覧

お願い

日和続きは一面耕地作業を進捗せしめますが、他面用水に不足を来し植付を困難ならしめるものであります。

毎年行われて来ました安曇川水門口総普請は、今年は町長の一方ならぬ御援助により、本日ブルドーザーによる掘割を完了致し一応安堵致しましたものの、安曇川利用の沿岸状況から絶対的とは申し上げられませんので、各位に於かれましては用水については融和的に利用願い、区民総てが平等に植付完了の喜に浸り度く存じますので、此点篤と御願申上げます。

尚、責任者と致しましては、用水について万遺憾なきを期し度く存じて居りますが、一層各位の協力をお願い申上げておきます。

昭和三十年六月三日

藤井良太郎

各位　殿

（青柳区有文書）

【解説】原本は孔版印刷。回覧文書中の「安曇川水門口総普請」の様子を知り得るのが、口絵「図版一一」の集合写真である。すべて人力作業でもって、十年一日のごとく営々となされていたわけである。このころのブルドーザーは国産製のものはなく、もしかしたらアメリカ進駐軍払い下げの重機であったことが想像される。発行者の「藤井良太郎」は、当時三十八歳の青柳区長にあり、なおまたこの年十月五日の第一回安曇川町議会選挙に出馬して、当選を果たしている。

(四一) 青柳区有文書目録

昭和三十三年五月

1 古郷名寄帳　文久三年　土地　一冊
2 定納高附帳　慶応元年　租税　一冊
3 江州高島郡東万木村御検地帖　慶長七年(宝暦八寅年写)　土地　二冊　井川東・井川西
4 江州高島郡東万木村検地帳写　延宝八年写　土地　二冊　井川西写・井川東写
5 川嶋村出入ニ付大溝へ御届申上候之趣控　文化十年　村　一冊
6 青柳村養水路　字中町田埋樋修繕記録　明治二十一年十一月　水利　一冊
7 村差出明細書写　明治二年己四月　村　一冊
8 学資金簿　明治廿二年四月　雑　一冊
9 皇大神宮御初穂献納人名帖　明治廿二年十一月　雑　一冊
10 改正拾人組合帖　明治九年四月廿八日　村　一冊
11 分間帖　寛政八年　水利　二冊
12 免定(嶋村)　明治五年・六年　租税　二枚
13 免定(東万木村)　安政二・三年　明治二・三・五年　租税　六枚
14 免定(東万木村)　明治三・四・五・六年　租税　四枚
15 免定(青柳村)　明治七年　租税　一枚
16 下札(嶋村)　慶応元・二・三年　租税　三枚
17 下札(東万木村)　安政二・五・六年　文久二・三年　万延元年　元治元年　慶応元・二・三年　明治元年　租税　一二枚
18 皆済目録(嶋村)　明治五年　租税　一枚
19 皆済目録(青柳村元東万木)　明治七年　租税　一枚
20 免状(東万木分)　明治二年　租税　一枚
21 目録(山論詫状)　慶応三年　村　一枚
22 東万木村嶋村と田中井組十三ケ村水論立会絵図　寛

政六年寅四月　水利　一枚
23　同前絵図　寛政八年辰　水利　一枚
24　阿曇川井水路附替絵図　明治六年　水利　二枚
25　東万木村嶋村と田中井組十三ケ村水論申渡書　寛政十戊午年四月　水利　一枚
26　博奕停止之件ニ付規約　明治廿余年一月十二日　治安　一冊
27　井水路潰地税米納請取証　明治六年　租税　四通
28　境介争口上書及取替書　文化十二・十四・十五年　村　各一枚
29　水論争口上書　文化十五年　水利　一枚
30　詫状　天保八年　治安　一　土盗み
31　取替　弘化四年　村　一枚　堤防守
32　詫状　文化十四年　村　一枚　無断架橋
33　済口証文　天保五年　村　一枚
34　取換書　明治十四年　村　一枚　費用分担示談
35　郷絵図　明治六年～大正十五年　絵図　二六枚
36　井水用地売渡書　明治七年　水利　一冊
37　三宮一件御裁許状　文化四年丁有十一月　村　一
38　村是調査書　明治□年　村　一冊
39　地所組替御願書（川島村青柳村）並地所組替取調書控　明治□□年　土地　一□
40　神輿奉加帳　明治三年　宗教　一冊
41　拾人組々合名簿　明治十六年五月改正　支配　一冊
42　拾人組々合名簿　明治三十三年二月改正　支配　一冊
43　新嘗祭供御新穀献納手続　明治廿五年□月　雑　一冊
44　皇大神宮御初穂献納人名帖　明治二十一年九月・二十三年十一月・二十四年十二月・二十七年十二月・二十八年十二月・二十五年　宗教　六冊
45　祭礼役割控　明治廿二年・廿二年　宗教　二冊
46　高島郡各村田畑宅地其外地価一覧表　明治九年三月十日　土地　一冊
47　氏神費徴収簿　明治廿二年・廿三年　宗教　二冊
48　社殿及工作物登録申請書　明治四十二年七月　宗教　一冊
49　日吉神社外三社由緒調査表　宗教　一冊
50　村社無格社財産台帖附不動産権利証　明治四十二年二月　宗教　一冊

51　□□神宮教会西万木神明教院各御初穂献物控　明治二十五年十月・大正十一年　宗教　二冊
52　受書　明治十年　租税　一　村社地免租
53　土地小作契約証　明治四十二年四月　土地　一通
土地合併ニ付登記申請　大正六年三月　土地　一通
土地売渡証　明治四十年・四十四年　土地　一通・二〇通
54　財産明細表　宗教　一冊　神社土地
55　協議費徴収簿　他村之分　明治卅五年九月〜卅七年三月　村
56　社務所建築に係る書類　明治四十二年　宗教建築　一冊
57　村社拝殿上葺八幡・仮家堂修繕収集簿　明治廿余年五月　宗教建築　一冊
58　村社日吉神社拝所新築寄附名簿　明治廿七年　村　一冊
59　天満宮燈籠寄附名簿　明治卅五年　宗教　一冊
60　別途金収支之控　明治廿七年　村　一冊
61　災害工事費徴収簿　明治四十年　凶荒　二冊
災害ニ付急旋工事人夫賃金支払帳　明治四十年　凶荒　一冊
62　当字事務所仮設計書　土木　一冊
63　狛犬建設費支払明細簿　大正二年　宗教土木　一冊
64　堰埭ニ係ル諸控　大正五年　水利　一冊
65　土地賃貸価格調査一件書類　大正十五年　土地　一冊
66　土地賃貸価格調査材料綴　昭和十一年　土地　一冊
67　大田神社再建ニ係ル書類（合綴）　明治三十年一月　宗教　一冊
68　決議書類編冊　明治三十年一月　宗教　一
69　本殿葺替寄附者芳名　昭和二十五年十一月　宗教　一
70　神社明細帖訂正願許可書　明治卅八年　宗教　一冊

（『安曇川町誌・資料目録と解説』青柳の巻、安曇川公民館、一九五八）

【解説】　安曇川町が発足して、行政面や人心面でやや落ち着きかけた時に、旧四か町村の歴史を編さんしようという機運がおこり、最初に手掛けたのが各自治区や個人宅に残されている古文書の所在調査であった。この古文書目録の作成が歴史編さんの第一歩であり、上小川在住の藤樹研究家であった松本義懿氏が中心となって推進されたのである。旧青柳村にかんしては、『滋賀県市町村沿革史』の編さん員であった新進気鋭の研究者・甲斐英男氏に委嘱せられたので、前掲の区有古文書目録は学術的にも信頼性の高いものである。なお、七人の個人所蔵文書目録については省略した。

(四二)『安曇川町誌』に見る青柳村の政治

昭和三十三年五月

a. 村役場

青柳村役場は、字青柳にあつた連合戸長役場を襲用して、町村制施行以後もずつとその地に置かれた。昭和二十九年十一月三日、安曇川町発足後は、合併協定書によつて当分の間安曇川町役場青柳支所とされることになつたが、その後青柳臨時出張所となり、間もなくそれも廃止された。

b. 村議会

さきにも述べたように、明治十一年に公布された「郡区町村編制法」では町村に町村会を設けることを許し、同十三年四月の「区町村会法」でそれが具体化されたが、青柳村において、村会がいつどのような形で設けられたについては、現在のまでのところそれを明らかにする資料がない。町村制施行後は、定員を十二名と定められ、最初の選挙では字青柳から五名、字上小川から二名、字下小川から四名、字横江から一名と、ほぼ字の大きさに応じて選出されている。以後定員に変化はなく、村会議員が総辞職するような大きな問題もなく、今次の合併に至つている。合併後は第一回の選挙に限り選挙区制をしいたが、第二回よりはそれを廃し、安曇川町としての二十六名の定員の中に含まれることになつている。

c. 歴代村長

町村制施行以後、村政を担当した歴代村長を示すと左のとおりである。

第一代　藤井新右衛門　大字青柳　明治二二年五月二一日就職

第二代　小島利右衛門　大字下小川　明治二四年四月六日

第三代　志村寛次　大字上小川　明治二六年五月一三日
第四代　川越庄右衛門　大字下小川　明治三〇年四月二一日
第五代　北川嘉右衛門　大字上小川　明治三二年五月二五日
第六代　図司鹿次郎　大字青柳　明治三五年三月二八日
第七代　志村市太郎　大字青柳　明治三八年五月三日
第八代　藤井菊次郎　大字青柳　明治三九年二月一五日
第九代　図司鹿次郎　大字青柳　明治四一年四月一六日
第一〇代　田中米蔵　大字下小川　明治四五年三月七日
第一一代　渕田竹次郎　大字上小川　大正五年三月七日
第一二代　小島伝七　大字下小川　大正九年三月七日
第一三代　山野栄蔵　大字青柳　大正一三年三月七日
第一四代　川越森之助　大字下小川　大正一五年九月二日
第一五代　志村清太郎　大字上小川　昭和五年九月一五日
第一六代　西川伴三郎　大字青柳　昭和九年九月一五日
第一七代　藤井新次　大字青柳　昭和一六年二月一四日
第一八代　志村清太郎　大字上小川　昭和一九年五月二日
第一九代　志村武市郎　大字青柳　昭和二一年三月一七日
第二〇代　馬場斉之進　大字下小川　昭和二四年五月二四日
第二一代　中島利一　大字青柳　昭和二六年一〇月一四日
第二二代　西川吉郎平　大字青柳　昭和二九年四月一二日

d．村の政治的事件

村における政治的事件といえば、普通役場位置、学校位置の決定をめぐる字間の紛争、水利の争い、地主小作間の問題などが予想されるが、その何れについても資料がない。前述の歴代村長一覧表を見てもわかるように、ほとんどの村長が任期一ぱい勤務しているところなどから見て、政治的問題の比較的少い村柄であつたと思われる。

（『安曇川町誌・資料目録と解説』青柳の巻、安曇川公民館、一九五八）

【解説】 藤樹書院における九月二十五日の藤樹「忌辰祭」が

明治期から行われ、大正期に入っては藤樹神社の「例大祭」など、村執行部と村会議員らが一堂に会する青柳村の伝統的行事が多くあったというのも、政争の生まれない要因のひとつだったかも知れない。なお『安曇川町誌』は、旧四か町村の史料目録のみで、その本体の刊行には至らなかった。

(四三)『滋賀県市町村沿革史』に見る扇骨・硯

昭和三十五年七月

a．扇骨

安曇川の護岸用竹林の真竹を原料として行なわれる扇骨の製造は、江戸末期に始まり、旧広瀬村を除く本町〔安曇川町〕一帯に盛んで、現在では西万木がその中心である。旧本庄村では、「明治十五・六年ノ頃ヨリ北船木ニ製造家アリ……大正六・七年ニハ北船木・南船木・川島等ノ各部落ニ数戸乃至十数戸ノ製造家ヲ見ルニ至」ったが（同前本庄村分）、安曇・青柳両町村でも明治中期まで冬期の農家副業として作られたものが、その後西万木の井保寿太郎氏らの努力で次第に発展し、「高島の扇骨」として全国的に知られるようになった。明治四一年旧安曇町では製造戸数七一戸（職工数一九〇人）・産額一七七万本、旧青柳村では三戸（六人）・二・五万本、旧本庄村では一戸（一人）・五・三万本で、すでに西万木が中心地となり、また扇骨から扇子製造までの一貫作業も始まって、その産額は一七万本に達した。その後大正九年の経済界の変動を契機として、扇骨の需要は急減し、販路も縮小したので、昭和一四、五年には生産は全国需要量の三〇％程度に下ったが、第二次大戦後は再び農家副業として盛んになり、最近では本町を中心にした「高島の扇骨」が全国生産高の八〇％を占め、原材料は九州からも入れている。西万木には現在約四〇戸の専業者があるが、一部を除いては、生産工程を細分化して零細農家に下請させており、小資本のために、親方的存在である京都の問屋の従属工場と化している。したがって、企業の利潤は驚くほど少なく、企業の合理化と問屋支配からの離脱が要望されている。

b．硯

江戸初期に始まった高島硯の製造は、以前は高島町武曽横山の山中から採掘した虎斑石・玄昌石、朽木村宮前坊や本町長尾の山林から産出した本中を素材としていたが、最近では原料石はほとんど県外、とくに仙台方面から移入されている。明治一一年の製造戸数は、田中三〇戸、五番領一五戸、長尾・西万木それぞれ六戸、三尾里三戸で、産額は田中五・四万面、青柳三・二万面、西万木の二・三三万面、五番領一・八万面など合計一〇万面以上（不明の長尾を除く）であったが、二〇年前後から大和・山城などの製品に販路を蚕食され、かなり衰退した。四一年には旧広瀬村三戸で四、六〇〇面、旧安曇村八五戸で三〇・三万面、旧青柳村一六戸で五、六七〇面の産額で、広瀬・青柳でが若干減少し、安曇がいよいよ中心になった。中でも五番領では盛時には戸数三五戸のうち三〇戸までが従事し、「奉公するとも五番領に行くな、夜の夜中もゲジゲジ」と俗謡にうたわれた。大正末期から人造石の硯が出現し、一方素材の虎斑石の脈層も昭和初年にはほとんど掘りつくされたため、その後は全く農家の片手間仕事となり、最近では年産額約二万面、業者も四戸となった。

（『滋賀県市町村沿革史』第四巻、同編さん委員会、一九六〇）

【解説】昭和二十八年十月一日に施行された「町村合併促進法」によって、昭和の大合併が進められ、滋賀県のばあいは結果的に五〇市町村に集約された。明治に誕生した旧町村が淘汰された形になったため、その公文書や貴重な史料が散逸されることを恐れて記録として残そうとしたのが『滋賀県市町村沿革史』であった。この編さん委員会の監修者は、大阪教育大学の宮川満教授であった。安曇川町篇はその第四巻に載せている。ここでは伝統産業の扇骨と硯のみを掲載した。なお、このおりに調査された公文書等は滋賀県に寄贈され、現在、滋賀県立図書館に収蔵されている。その閲覧はいつでも可能である。

（四四）中村兵司「年中行事」調査

昭和四十六年九月

調査の結果、年中行事は、概して部落の団結力の差異、人口の差異、信仰の強弱によってすたれたり、あるいは簡略化されたり、逆に今なお現存しているものがある。最近の傾向はやはり簡略化しているようである。このことについて、ある老人に尋ねたところ、「行事は金もかからないから、残していってほしい。行事がなくなり、あるいは簡略化されていくことは寂しい」と答えてくださった。私達は四季の変化と共に、催しされる行事を護り、維持していくための具体的な策を考えねばならない時に来ているのではないかと思う。また、農作業が一段落した後には、必ず何かの形で行事がある。神への感謝と共に、裏を返せば行事という形でしか休日が取れない、昔の農家の貧しさが推測される。

一月

〔正月〕各部落とも氏神様へ、主人があるいは家族そろって、新年の家内安全を祈願する。初寄り、新年会は年始回りの廃止に伴って、その内容に変化がみられる。青柳は、数年前まで、年始回りを行っていたが取りやめになり、神社に集まって新年のあいさつをする。

二月

〔お釈迦さん〕十四日、十五日にあり、昨年の宿の家から今年の当番の家にお釈迦さんを迎え、その晩お通やをし、翌日もまた、お寺さんに参ってもらう。

三月

〔厄神参り〕三月十八日（昔は一月十八日）に行われ、氏子はもとより近郷近在の厄年の男女のお参りが多い。厄年の男女はお鏡餅一重を神様に供え、そのうち半重を下げてもらって、家内中で食べる。厄年が無事過ぎるようにお祈りする。

四月

〔神武さんの祭り〕神武天皇が亡くなられた三日に、天皇を偲んで神へ詣る。この日、農家は休日と決めてあった。現在はない。

五月

〔春まつり〕最近は、各部落とも五月一日に画一化されて来た。行事も簡略化され、またみこしも青年が少ないため拝殿に飾るだけの部落が多い。（中略）昔行われていた春まつりの日を記しておく。青柳＝十五日

六月

〔泥落し〕田植えが全部無事すんだことを祝い、もちなどをつき、この日は休んでいたが、最近は昔のような農家と異なって、時間的余裕も出てきたため、この日を休日としない農家がある。なお、日は六月三十日、七月一日である。

八月

〔墓そうじ〕青柳＝一日

〔おしょらい迎え〕十三日の夕方から先祖を迎えだんごを作って、夜は御詠歌をあげる。

〔盆おどり〕青年が少なくなって来たため、盆おどりをしない部落が二、三あった。青柳＝二十日

〔地蔵盆〕中学生以下の子どもが中心になり、二十三日、二十四日の両日当番の家で地蔵をまつる。中学生は一週間程前から、行灯はりや飾り物を作り、日がせまって来ると、旗を揚げるための竹を取りに行く。数年前まで、りっぱな竹があったが、最近はいい竹が無くなってきたので昨年の竹で代用するようになって来たところもある。男子が竹取に行っている間に、女子は「ひげこ」と言って、なす・トマト・とうもろこし・ほおづきなど集めに歩く。二十三日の午前中に、大人に地蔵をまつってもらったり、杉門を作ってもらったりする。両日、子ども達は当番の家に集まり、楽しく遊ぶ。日頃、しかられるようなことでも、この日はおおめに見てもらえる。また、中学生は「大将」と言って、子ども達の先頭にたち、両日の運営をまかされている。供え物にお菓子が多いので、子ども達はあきカンを持って来るが、帰るときにはいっぱいになる。昔は、各組の間で、夜間旗の取り合いを行っていた。二十三日の夜には、御詠歌があげられる。

十月

〔秋正月〕各家庭で餅をつき、一日休む。青柳＝十五日

（『歴史研究～本庄、青柳地区等調査報告書』、高島高校歴史研究部、一九七一）

【解説】本庄学区および上小川、下小川、横江関係の年中行事記述については省略した。とりわけ地蔵盆にかんする説明はくわしく書かれており、今となってはすこぶる貴重な記述といえる。また、二月の〔お釈迦さん〕の内容は、『高島郡誌』に見られる「神宮寺（廃寺）」の記述とおおいに関連するのである。中村氏三年生のときのレポートである。

（四五）山野源也「講と信仰」調査

昭和四十六年九月

調査したことを発表する前に、講の基本的事項について述べよう。

本来講というのは、宗教的な目的のために結成された信仰集団であるが、時がたつにつれて宗教目的をはなれた経済的な組織や社交を主とする組織も講とよばれるようになった。

そこで、講は次のように分けることができる。

一、宗教機能を主とする講（宗教講）

a　社寺に属する講（教団的の講）

・崇信者の講（参詣講）

・氏子、檀徒の講（氏子講、檀中講）

b　社寺（教団）に所属しない講（非教団的の講）

二、経済機構を主とする講（非教団的の講）

a　金融講

b　労働互助講

三、社交機能を主とする講（社交講）

それで講については以下のようにまとめました。

〔部落別の講〕青柳

○釈迦講（ねはん講）

二月十四・十五日

講員は現在、一二、三戸で以前もう少し多かったが、絶えてしまう家などがあり減少している。輪番制で当番を決めてやっている。この講には田地があり、その収入から経費を使う。講中者より供物があり、一昼夜法会を行う。時々、京都嵯峨の釈迦堂へ参詣する。（参詣講）

○尼講

毎月六日・二十八日

おつとめ・お説教・雑談などをして半日を過ごす。そのあと食事をする。当番制でやっていて、現在講員二三名で、二百年以上続いている。（檀中講）

○行者講

毎月六日・二十七日

行者堂でおつとめをする。百五十年前から行われていて、現在講員は五名である。（崇信者の講）

○同朋会

月一回不定

横江浜と同様で、こちらの方が少し古い。（檀中講）

○神明講

年一回不定

約二百三十年前に分部の殿様から土地をもらい、その土地の収入で神明を祭れと命令されたため行われている。昔は年三回で一月・六月・九月であった。明治

三十五、六年頃、その財産を馬場一統が手に入れた。現在は小作料でまかなっている。神明神社は伊勢神宮の分家で、年一回伊勢参りをする。（参詣講）

○その他　十日講（八月十日）　報恩講（十月末）　御七昼夜（十二月二十一～二十八日）　他集落同様　（檀中講）

この地区（青柳・本庄地区）には講が、まだまだたくさんあるが、年々講員も減る一方であり講本来の意味を忘れて次第に講の方も少なくなっている。本来の意味を知って残すべきものはもっと大事にしてほしいと思う。

（『歴史研究～本庄、青柳地区等調査報告書』、高島高校歴史研究部、一九七一）

【解説】本庄学区および上小川、下小川、横江関係の調査内容については省略した。この民俗学的分類手法をもちいた調査レポートは、山野氏一年生の時の力作である。このうち「尼講」の記述から示唆的にいえるのは、どんな信仰活動といえども、そのなかにいくぶんの《娯楽性》的要素を含んでいることが、永続のカギをにぎっているという点である。

（四六）旧青柳村の小字名一覧

昭和五十四年四月

〔青柳村〕青柳

申《さる》ノ頭《かしら》　入場《にうば》　中川原《なかがはら》　長枠《ながわく》　柳原《やなぎはら》　河内《かわち》　欠畑《かけばた》
地蔵寺《ぢぞうじ》　立《たて》ノ町《ちよ》　岩寺《いはでら》　前川原《まへかはら》　橋口《はしぐち》　道《みち》ノ下《した》　平井田《ひらいだ》
長塚《ながづか》　石領《いしりやう》　八幡北《はちまんきた》　乾《いぬい》　高畔《たかあぜ》　貫正寺《くわんしよじ》　伏拝見《ふしをがみ》　鍵《かぎ》
田《だ》　鬼川原《をにかはら》　古堂《こうたう》　実相坊《じつさうぼう》　島《しま》　八《はち》ノ坪《つぼ》　西沢《にしさは》　大保川《をぼかわ》
中道《なかみち》　島南《しまみなみ》　杉前《すぎまへ》　溝崎《みぞさき》　上桜町《かみさくらまち》　下桜町《しもさくらまち》　樋口《ひくち》　魞本《えりもと》
石枕《いしまくら》　北長谷川《きたはせがわ》　北室前《きたむろまえ》　落合《をちあい》　園《その》　石井《いしい》　深町《ふかまち》
鎌田《かまだ》　池《いけ》ヶ町《まち》　宮《みや》ノ腰《こし》　十三《じうさん》　十四《じうし》　尼《あま》ヶ池《いけ》　鉾《ほこ》ノ
町《まち》　本樋《ほんび》　木《き》ノ花《はな》　田付《たづけ》　町市《ちよいち》　土畔《つちあせ》　高縄手《たかなわて》　木《き》ノ
子《こ》　本庄《ほんじよ》（西町　根君ノ内　本庄）　横《よこ》ノ町《まち》（横ノ町・
鯰尾）　ツ家《や》（二ツ屋・二ツ屋西）　長町《なかまち》（長町・横様）
焼田《やけだ》（本庄田・焼ヶ田）　安名《あつめ》（安名・中シマ）　畑《はた》ヶ田《だ》
（畑ヶ田　尻細）　根喜美《ねきみ》　定橋《じよはし》（定橋・六才・下観正
寺）　西馬場《にしばば》（御手洗・西馬場ノ内）　古鳥居《ふるどりい》（上古鳥
居・下古鳥居・西馬場ノ内）　長田《ながだ》（五反田・長田）　梅《むめ》
ノ木《き》（八幡・梅ノ木）　石塚《いしづか》（町田・上石塚・下石塚）

法泉坊《ほうせんぼう》（法泉坊・薬師堂）　立町《たてまち》（立町・半田）　古森《こうもり》（古森・島西・鬼川原）　数《す》海道《がいど》（数海道・七日帰）　北出口《きたでぐち》（北出口・塚本）　外畑《そとばた》（外畑・ヱノコ町）　樋《ひ》ノ口《くち》（石ノ上・ヒノ口・流田）　万田《ばんだ》　北万田　甲子海道　長条ノ木　城《しろ》ノ腰《こし》（城ノ腰・今堀・南万田）　万木《ゆるぎ》（屋敷・西畑・生ノ池・沢口ノ内・東出ノ内）　南沢《みなみざわ》（南沢・観音垣外）　沢《さわ》（沢口ノ内・寺前・沢）　神明前《しんめいまえ》（神明前・土台）　前大道《まへたいどう》（生道・前大道）　五反田《ごたんだ》（五反田・茶ノ木）　天井前《てんじやうまへ》（三反田・天井前・ソノ内）　東出（松木戸・東出・ヲタビ）　鴻《こう》ノ巣《す》（清水橋・鴻ノ巣）　長谷川《はせがわ》（西長谷川・安名・筱川・下三反田）　南室前《みなみむろまへ》（南室前・盗人神ノ内）　高橋《たかばし》（盗人神ノ内・高橋）　井《い》ノ上《うへ》（井ノ上・園ノ内）　横町《よこまち》（四ツ目・横町・茅尾ノ内）　茅尾《かやを》（カヤノヲ内・狐塚）　神明田《しめいでん》（神明田・堂海道）　弥八《やはち》（弥八・四反田）

（『角川日本地名大辞典・滋賀県』、角川書店、一九七九）

【解説】 この小字名一覧の原本は、凡例によって滋賀県立図書館所蔵の明治十五年の「滋賀県小字取調書」（県有文書の写本）を使用していることがわかる。また、小字名のうち、（　）内に書かれているのは小分け地名をあらわす。なお、一九七〇年代に全国的に推進された「ほ場整備事業」あるいは都市部の「土地区画整理事業」によって、そのほとんどの小字名は消滅の運命をたどった。そのために、小字名から歴史を読み解くという手法が使えなくなったわけである。ちなみに、青柳のばあい、古代条里制を彷彿させる地名はきわめて少なく、中世以降に発生した地名が比較的おおいのが特徴である。

（四七）青柳の昔ばなし

昭和五十五年三月

a．おこと狐

昔、太田から「おこと」という娘が、青柳へ嫁入りしてきました。

新婚間もなくのこと、里帰りのため、馬通し（今の二ツ矢から安曇川大橋までの両側竹やぶの道。昼でも暗い道）を、しかも雨のそぼふる夕方のこと、おそるおそる竹やぶ道を通っていると、丁度、竹やぶの中ほどに、狐の子どもが、二匹たわむれ遊んでいました。

それとは知らず、おことさんは、傘をさそうとしました。じゃのめ傘を拡げた時のピンというバネの音に、子狐はびっくりして気を失ったのだそうです。

そんなこととは露知らぬおことさん、早く竹やぶの暗い道を通り抜けようと急いだのですが、いくら小走りに進んでも、いつまで歩いても、里へは帰れません。その晩はくたびれて、そのままどこかで一夜を明かしてしまいました。

あくる日になっても、おことさんは実家に帰らず、新婚のおむこさんも、里の両親も、さあ大変とばかり、その日から毎日毎夜、昼でも暗い馬通しのやぶ道や、やぶの中を、あちらこちらと大さがし。やがては、村の中まで、提灯をつけて、太鼓や鉦の鳴りもの入りで「おことを返せ、ドンドコドン、ドンドコドン」と血まなこになって、幾日も幾日もさがしまわっているうちに、ある日、やぶの中で放心して、うつろな眼ざし、青ざめて髪をふり乱し、着物はひきさけ、見るもあわれなおことさんの姿を見つけました。すぐに家へ連れ帰り、あれこれ世話して、漸く正気にかえったが、それからは村人はもとより近くの村の人たちも、狐の執念に今さらのように恐れ、この馬通しをまっぴるまでも大勢いっしょでなくては通らなくなったとさ。

b. 田舎芝居と駐在さん

わしがのう、子どもの時分、田舎での唯一の娯楽として、今の観劇気分を満喫した昔話を一つ紹介しようかの。

わしの「まごばあさん」は、大変歴史物語が好きでのう。わしが幼い頃、おばあの昔話を楽しみに「おばあ…何でもよいから話を……」とねだると、いろいろな伝説、歌舞伎、有名な芝居の話、民話などをくりかえして聞かせてくれたもんだ。それを聞きながら、いつの間にか眠ってしまったものだ。それは三歳か四歳の頃だったかのう――。

その頃、秋の取り入れが終るか終らない時分に、まだじゅくじゅくした刈田のひとすみに、すりぬかを敷きつめて、にわか劇場の小屋を建て田舎芝居の開幕となるのだ。勧進元のおぢさんの家へ、「はな」をかけて、一家そろって湿った蓆の上に坐って、夜の更けるのも忘れ、ドサ廻りの「だいこん役者」の芸に、拍手かっさいを惜しみなく送った幼い日の想い出は懐かしいもんだ。

今とは比較にならないが、舞台は稲竹「たつ」等を組んで、荒縄でゆわえ、足場板を敷きつめ、その上に荒蓆。照明は、棹竹を宙づりにして、ろうそくをつける。三味線に〆太鼓の「おはやし」、よごれた幕を引き廻し、幟を立てて「さあ、いらっしゃいく」。

拍子木の音で幕があき、うす暗い中に、大立廻りの「チャンバラ」。今だに耳に残る語りものは浄瑠璃、太棹の音、さびた声などなど。向って正面右側には「さじき」をしつらえ、監視の巡査さんの「ひげ」もはっきりと……。

わしも子どもの頃、青柳の駐在さん、大沢巡査にかわいがられ、一緒に「さじき」に上り、高場の見学としゃれたもの…。時には新しい試みとして「連鎖劇」があってのう……というのは、つくり舞台では出来ない仕ぐさ。走ったり逃げたりの場面、次々と変わる景色などは、活動写真に早変わりして芝居の続きを見せ、また舞台に戻るという仕組みは、今でも想い出として、なつかしいものやなあ……。

祖母の話で、もっとも印象的であったのは「忠臣蔵」(その舞台での演劇を思い浮かべながら、いつしかすやすやと寝入ったものだが……)。たとえば、大石蔵之助の大星ゆらの助、大石主税の大石力弥、山科の別れ、菅野三平の早野勘平、その「ししうち」の場面、はては吉良邸討入りの場など……。

後になって歴史物語や歌舞伎に興味をおぼえたのも、あばあの「語り」の影響かも知れない。懐かしい思いだ。

c．水あらそい

青柳は、もとは東万木村といっていました。同じ万木の名でありながら、東万木と西万木とが対立したのは「水あらそい」に原因があり、この対立が「みこしの取りかえ」の昔話になったのでしょうか。

今も昔も、田用水が大切なことには変わりがありません。現在、安曇川沿岸土地改良区の事業によって、田用水不足の苦しみは、いちおう解消されたように思われますが、それでもなお、干魃の年の青柳の田んぼはあわれなものです。

古老といわれる年輩者の中には、田んぼの干魃に対処した辛苦の物語を忘れられずに言い伝えている人もいます。

これは六十余年前の思い出話の一つですが――。

幼い子どもの目にもはっきりと、畦道一つ境の上の田んぼ（西万木）には、田中井からの田用水が、なみなみと湛えられているが、畔一つ隔てた青柳有の田んぼは、土ぼこりがたち大きな亀裂がいく筋もできていました。せっかく植えた苗が緑から黒に変わり、それがコヨリのようによじれて、へなへなになり、稲が一粒も稔らないと思えば、村人は矢も盾もたまらず、夜を日についでの水の交渉をしたものです。

西万木の「おこぼれ」の水を、わが田へ少しでもと、血まなこになり老若男女を問わず、殺気立って「水、水」にねむさを忘れ、半狂乱の幾日かが続きました。

やっと、上からの余り水を、ある時間をかぎって順番に流してもらうが、それもほんのひと時で、またもとのカラカラ田に。これが幾日続いたことでしょうか。

大人の苦しみは子どもにも直接影響して、学校から帰るやいなや、直ちに西万木の村境の田んぼの一角に集結し、年長者の指揮にしたがい、小学校一年生から鉢巻すがたで、腰には竹の刀、両手には小石をひっさげ、ラッパをふいての石合戦は始まる。「水をかせ……」これが放課後の命がけの遊びとなり、付近の田んぼは石だらけ。

その後、いくらか水あらそいも緩和されましたが、青柳から南市へのお使いには自転車に乗って速く西万木を通らなければ、いつどこで、誰になぐられるやら……と、そのいらいらした気持ちで、通りぬける気持ちの複雑さは今も忘れられません。

幾年かが過ぎ、西万木と青柳との若衆たちの間に、恋の花が咲き「貫一お宮」ならぬ、「かんいち（西万木）おちよ（青柳）」の恋物語も伝えられました。その頃からは、青年たちの交流が盆、正月、祭りの休みを利用して始まり、いつしか水あらそいも下火になったものです。

今から思えば、ほんに昔話となったものです。

d．学校のドン

「朝のボン鐘、お昼のドンと、夜に鳴るのはおかねさん」

こんな唄が、青柳小学校が今の土地に移転するまでうたわれていました。

ドンというのは、昔、小学校にあった大太鼓の「ドン」という音のことです。この太鼓は、明治七年に創立の柳橋学校の時からのものか、それとも明治十九年に尋常科青柳小学校となった頃のものか、よく分かりませんが、正午と夜の十時にはかならず「ドドン、ドンドンく」と、忘れることなく鳴らされていました。現在のラジオ、テレビの時報のようなものでした。

ドンを合図に農作業をやめて昼食にしたり、夜遊びや、催しをやめ「ドンが鳴った。帰ろう。おやすみ」と、村人の日常生活にふかく結びついていたものでした。ドンのひびきは、今なお、高齢者の耳の奥にはっきり残っていて、「あのドンは、誰が打ちならしたのだろうか。あの若かった先生だったのだろうか。天井から吊るされた、あの大太鼓を太いバチで、若い力をぶっつけられたのだろうか。夜のドンは宿直勤務の一つの仕事だったのだろうか……」などと、その頃の学校や先生の顔が目に浮かんでくるのです。

ドンのひびきは輪になって村中に拡がり、村人には生活と活力をあたえ、子どもにも勉強の励ましとなり、明日の農作業にも、村の行事にも、学校を中心に心の交流が続いたものでした。ドンは川島あたりまで聞こえ、夜のドンで「もう寝よかいナ」と言い合ったそうです。

それが小学校の移転とともに、聞かれなくなって久しく、村人も多忙にまぎれて忘れるようになりました。ドンの太鼓はどこへ行ったのでしょうか。

昭和四十七、八年のことでした。日吉神社の宮司、中村重雄さんが小学校講堂の右側の部屋の床のすみに置いてあるドンを見つけました。調べてみると、両面とも破れていません。大きな太鼓で一人では持てません。二、三人で小型トラックに積み込み、日吉神社に一時預けることにしました。ドンの胴も皮も弾力があり、十分役にたちます。ふたたびお役にたって、子どもたちにも語り伝えたい、音も聞いてほしい、小学校の歴史とともに生きたいとドンは願っています。

（安曇川町教育委員会編『安曇川町昔ばなし』、サンブライト出版、一九八〇）

【解説】 安曇川公民館が昭和五十二年度から五十四年度にかけて、小冊子『安曇川町昔ばなし』（第一集〜第三集）を発行した。前掲の青柳の四話は、その第二集に収録されている。四話とも日吉神社宮司中村重雄氏（故人）が語り部である。このうち「おこと狐」「田舎芝居と駐在さん」は、中村氏が六十余年前に祖母から聞かされた《語りぐさ》であることを明らかにしており、「水あらそい」は氏自身の体験談がもとになっている。

(四八) 青柳小だより「良知に生きる」

昭和五十八年九月

たえまなく成長する子どものすばらしい可能性を認め、次の時代を創造していくたくましい心身と実践力、そして郷土の先哲、中江藤樹先生の学徳と求道の精神を体現した豊かな人間性にみちた子どもを育成することを教育目標とし、めざす子ども理想像として、

○元気で、すこやかな子
○明るく、たくましい子
○たがいに尊敬しあう子
○めあてに向って努力する子

を師弟共通のめあてとして、ひたすら倶学同行を続けています。しかも道徳の学習を大事にし、心をみがき、実行力を身につける教育の推進に努力しています。

本校は、転入児童数の急増に伴い、去年二学級増、今年三学級増と大きく膨張し、三〇〇名を越す郡内では六番目に大きな学校に変貌し、一年のみ一学級、二年以上はすべて二学級編成で合計十二学級となりました。

毎朝、各部落から黄色い安全旗を持った通学班長、または副班長を先頭に、集団登校班が相前後して校門に入ってきます。「おはよう」「おはよう」「おはようございます」の元気な朝のあいさつが校舎内外でかわされ、学校の一日の日課が始まります。

この毎日の通学時に各部落から幼稚園児を連れて、やさしくいたわり、またはげましながら登校して来ます。そして藤波幼稚園に送り届けるという役目をしていることが一つの特色です。これには長い歴史と伝統がありま す。自分達もしてもらった、今度はぼく達、わたし達がしてあげるという事を当り前のようにして伝承して来た永年の行為に対して、上記にような善行賞受賞の栄に浴しました。

この夏休み、子ども達は連日の真夏日の猛暑にも負けず、すばらしい夏休みを送りました。

○楽しい、よい運動の水泳練習
○早朝六時半のラジオ体操
○毎日欠かせない当番活動

パンダうさぎ・ちゃぼ・インコの世話、花壇や一鉢栽培の花の水やり
○親と一緒の学校清掃作業
○比良登山（五・六年）
○遊び場の清掃作業
○スポーツ少年団各部の練習
○七月二十九日の高島郡学童水泳記録会（中略）

善行賞

青柳小学校児童会

みなさんは毎日の登校時に各部落から藤波幼稚園の小さい子の手をひいて、やさしく親切にいたわりながら幼稚園まで安全に送り届けることを続けてこられました。

幼稚園児の親たちや先生方も心から感謝しておられます。

永年よい行ないができましたので表彰します。

安曇川町教育委員会 ㊞

（「広報あどがわ」昭和五十八年九月号、安曇川町役場）

【解説】「良知に生きる」は、本来、陽明学の命題「良知を致す」で、これを藤樹が「良知に致る」と読んだ学術用語からきている。良知とは、すべての人に等しくそなわった「良心」と言い換えてもよい。その良心が、実際生活のなかで形として現れるのが「善行」なのである。したがって、青柳小の「良知に生きる」と安曇川町教育委員会の「善行賞」とは、奇しくも本質的におなじ精神に則ったものであるといえる。

（四九）『安曇川町史』に見る近世の水論

昭和五十九年十一月

町内では、安曇川南岸の用水堰の田中井組に属する十八川・五番領・馬場・三田・佐賀・下城・産所・仁和寺・鍛冶屋・請所・南市・三尾里・西万木の一三か村と、その流末に接する東万木・島二か村で、前後約八〇年、二回にわたって行われた大きな水論があった。

東万木・島の田地はもともと本庄井を養水としたが、年々用水が不足して、なんとしても田中井組に加わることを念願した。そこで享保六年（一七二一）に、南市の

庄屋某、五番領の年寄某、組外から三重生の庄屋某を仲介として加入を求めたが、上の一三か村は渇水時になると、組内でも水不足の損害があるからとこれを拒絶した。同八年（一七二三）四月、下の二か村はこれを不服として、渇水時の際の上一三か村の分水が不条理であると、京都役所へ出訴した。その主張は、元来この二か村は田中井組に所属していたが、九〇年以前本庄井から水を引くようになり、渇水時の場合にだけ、田中井から、ぼけ原溝を通じて分水を受けることになっているというのである。これに対して上一三か村側は、下二か村は古来決して組中のものではない、ぼけ原溝も十八川の用水川を、洪水時の水はけ場としたもので、ふだんの捨て水は安曇川堤外の大川原に落しており、本庄井とは何の関係もない。したがって井守への給米も、堰普請入用や人夫出高も、すべて上一三か村が負担して、下二村には何の賦課もしていないのがその証拠であると応答した。六月京都役所からは、検使二人が出張し、その後ぼけ原は新法の場所であるけれども、本庄井渇水の時はここから分水をするように説論した。しかし上一三か村側がこれに従わなかったので、同十三年（一七二八）になって、双方和談による解決を命令し、隣村八か村の庄屋等を扱い人として、五月済状を取りかわしてついに落着した。済状には、渇水時には用水のため、たがいにその便宜の筋から水を下すことにするようにと記された。

しかし、この和談成立後も、井守給米をめぐって対立を深めたので、寛政四年（一七九二）再び下二か村から訴訟に持ち込まれた。以後七か年にわたって係争を続けたが、同十年（一七九八）に至って裁決されている。しかし、その要旨がさして従来のしきたりを変えるものでもなかったので、原告下二村はこの判決を不服とし、江戸訴訟を企てた。そのとき一部不同意のものにまで調印を強制したといわれている。しかし果たして上訴が行われたものか、はっきりしていない（馬場・西万木区有文書）。

（『安曇川町史』、安曇川町役場、一九八四）

【解説】　田中井用水にかかる水論関係のいちれんの史料については、双方の当事者であった上一三か村のばあいは田中神社に、下二か村は青柳区に、現在それぞれ保存されている。京都町奉行所の裁定は、要するに喧嘩両成敗で、たがいになんとか話し合いで穏便にことを済ませるように、ということに尽きる。往年、中江三郎氏（故人）いわく、長尾にある「合同井堰」の完成によって何百年も続いた青柳と上田中との水あらそいの歴史に終止符を打った、と。今となっては、水あらそいが遠い歴史のできごとのように思うのも、合同井堰のおかげといわざるを得ない。合同井堰は、昭和二十四年に着工し、昭和二十九年に完成をみた。そのあと、安曇川左右両岸の幹線水路工事が実施されるという、戦後の一大プロジェクト事業であった。

（五〇）『安曇川町史』に見る学童疎開

昭和五十九年十一月

昭和十九年（一九四四）、サイパン島に米軍が上陸し、米軍爆撃機による日本空襲は必至となった。六月三十日、政府は「学童疎開促進要項」を閣議決定した。「縁故疎開ニ依リ難キ帝都ノ学童ニ付テハ、帝都学童集団疎開実施要項ニ依リ、勧奨ニ依ル集団疎開ヲ実施スルモノトスル」として、帝都以外の大都市においてもこれに準じることにした。そして、その七月に「学童集団疎開実施要項」が発表されたのであった。

大阪市では、七月直ちに市長が学童疎開に関する市民の協力について声明し、一か月半の間に集団疎開の準備を完了、九月一日をもって集団疎開出発期日と取り定めた。

こうして旧広瀬村・安曇町・青柳村及び高島町は、大阪市堂島国民学校の集団疎開を受入れることになった。九月二日、縁故によらない学童集団が、親もとを離れて江若鉄道安曇駅へ降りた。集団責任者は中西芳三訓導で、のちに南市の八尾秀旅館を疎開本部とした。

受入れ側は、青柳村では志村清太郎村長・藤沢佐一郎校長、安曇町では清水米造町長・西沢忠三校長、広瀬村では中島秀一村長・八代慈円校長、その他、別掲一覧表（一部省略）の人たちが協力した。寮母は児童の日常生活の世話、作業員は食事、嘱託は生活指導の補助に当たった。

昭和二十年（一九四五）二月下旬、高島町に疎開中の六年生は卒業のため大阪へ帰り、堂島国民学校の集団疎開は青柳・安曇・広瀬の三町村になった。三月十三日深更から十四日未明にかけての大阪大空襲、六月一日・七日・十五日とつづいての空襲に堂島一帯は焼野原と化した。疎開児童のうち家を焼かれたものや肉親を失ったものなどについては、資料不足で明らかでない。遥か南西、大阪の夜空を染める異様な赤さを不安の眼で見つめていた学童の姿に附近の人は慰めのことばに窮した。

その後、広瀬村に昌福寺寮が設けられたこと、一年・二年の児童が少数、集団疎開生活に加わるなどの変化があった。食糧をすこしでも自給しようと学童の手で稲作や甘藷栽培を行った。集団疎開は敗戦後も継続したが、昭和二十年（一九四五）十月末に全員が引揚げた。（後略）

昭和十九年度堂島国民学校集団疎開寮

〔寮名〕　徳正寺寮　勝安寺寮
〔児童〕　三年男子二六名　三年女子一五名
〔教員〕　安達眞佐子　鈴木寿子
〔寮母〕　為木笑子　佐々木末野
〔作業員〕　中島忠三郎　木原志ず
〔寮務嘱託〕　藤沢佐一郎　小島助三郎
〔同　〕　田村伝一郎
〔嘱託医〕　江坂寿子　江坂寿子
〔管理者〕　佐々木孝純　藤野　斉

昭和二十年度堂島国民学校集団疎開寮

〔寮名〕　徳正寺寮　勝安寺寮
〔児童〕　四年男子二四名　四年女子一二名
〔教員〕　安達眞佐子　鈴木寿子
〔寮母〕　為木笑子　佐々木末野
〔作業員〕　中島忠三郎　木原志ず
〔寮務嘱託〕　藤沢佐一郎　小島助三郎
〔同　〕　田村伝一郎
〔嘱託医〕　江坂寿子　江坂寿子
〔管理者〕　佐々木孝純　藤野　斉

（『安曇川町史』、安曇川町役場、一九八四）

【解説】広瀬村および安曇町関係記述は省略した。大阪市立堂島小学校は、戦後大幅な統廃合が行われたのち、昭和六十一年（一九八六）三月三十一日をもって閉校となった。地下鉄西梅田駅から徒歩数分のところにある跡地には、「大阪市立堂島小学校」碑が建てられている。以前、安曇小学校の校庭の一隅に、旧堂島国民学校の同窓生によって一本の松を記念植樹したのであったが、今なおその松が残されているかは知り得ない。前掲の記述は、南市在住の平井英太郎氏（故人）が執筆したものである。氏もまた、その学童疎開にかかわった小学校教諭であった。なお、西川明氏からは、大阪府立中之島図書館所蔵の『堂島校園沿革総史』に、昭和二十年の五年生児童の日誌（影印）が掲載されていることをご教示いただいた。

（五一）『安曇川町史』に見る戦没者

昭和五十九年十一月

昭和二十年（一九四五）八月十五日、この日は晴天であった。重大放送があるとの予告によって、安曇国民学校の校庭にラジオの拡声器が持ち出された。役場・学校・近所の人々が十数人、拡声器の前に集まった。正午に玉音放送が流れたが、はじめて電波にのる天皇の声は、雑音も混じって、よく聞こえないままに終わった。やがて「敗戦」が人びとの口を通して伝わった。

思えば昭和十六年（一九四一）十二月八日にはじまった「大東亜戦争」は、昭和十二年（一九三七）七月七日盧溝橋に端を発した支那事変の延長であった。そしてその支那事変はまた、昭和六年（一九三一）九月十八日にはじまる満洲事変の尾を引いたものである。そこでこの満洲事変から昭和二十年（一九四五）の敗戦までを総称して「十五年戦争」とも呼んでいる。

日本人の大部分は、大東亜共栄圏確立の「聖戦」と信じ、多くの青壮年は徴兵・召集され、幾千里の異国の山野・海洋に転戦して落命したのである。その数は昭和四十五年（一九七〇）末現在滋賀県の関係者が二三、五九二人、高島郡で二、三六八人といわれている（『滋賀県史・昭和篇』）。（後略）

●青柳地区青柳

〔氏名〕	〔階級〕	〔戦没場所〕	〔戦没年月日〕
北川　潔	陸軍少尉	京都第一陸軍病院	昭二〇・六・一九
北川幸七	兵長	比島ホロ島方面	昭一九・九・一
北川幸太郎	上等兵	ビルマ	昭二〇・六・七
柴田良一	兵長	比島・レイテ島	昭一九・一二・八

豊島政一　一等兵　中支　昭一九・八・二二
大岡　登　兵長　比島・サマール島　昭二〇・一・一〇
中江寿美蔵　伍長　ビルマ・サガイン州メザ　昭一九・一一・二六
中江栄次郎　曹長　ビルマ　昭一八・六・一八
北川彦一　一等兵　ビルマ・第四野戦病院　昭一九・八・一
藤井智憲　陸軍少尉　比島　昭一九・一一・二四
中江半次郎　伍長　比島・レイテ島　昭二〇・四・一
中江多美蔵　軍曹　関東州柳樹屯陸軍病院　昭二〇・四・一〇
中島利助　兵長　ビルマ　昭一九・九・三
中江重一　伍長　ビルマ・カーサ県　昭一九・一一・二五

馬場藤一　伍長　比島・ルソン島　昭二〇・六・二二
川崎茂吉　上等兵　中支　昭一九・八・二九
中江仁作　伍長　平安南道三谷里陸軍病院　昭二一・九・八
佐々木善数　軍曹　ビルマ・クビダウン　昭二〇・一・一九
粂井政次郎　伍長　ニューギニヤ島ホルランヂヤ　昭一九・四・二二
岡田栄三郎　兵長　河南省広武県　昭一九・四・一九
図司喜太郎　伍長　沖縄本島山城方面　昭二〇・六・二二
苗村源吾　兵長　アッツ島東北方面　昭一八・一・六
白井松治郎　伍長　ビルマ・カロー方面　昭二〇・三・三
西川喜代太郎　兵長　ニューギニヤ・マノクワリ　昭一九・一〇・七

白井留一	兵長	ビルマ・モーライ県方面	昭一九・七・二八
白井幸太郎	伍長	ビルマ・サガイン兵站病院	昭一九・一二・九
中江清治郎	伍長	ビルマ・第一野戦病院	昭一九・一〇・二三
藤井信太郎	一等兵曹	南シナ海	昭一九・七・七
北川長次	上等兵	ルソン島クラーク	昭二〇・四・二四
中村平夫	海軍軍属	北千島	昭一九・一〇・一二
西川清太郎	軍曹	自宅	昭二一・七・二六
図司　武	上等兵	自宅	昭二一・一一・一五
後藤孝二	兵長	ソ連ベグロード	昭二八・六・一
霜降栄三郎	上等兵	シナ方面	昭一九・七・二二
田中幸夫	兵長	ニューギニヤ	昭一九・八・四
白井　裕	兵長		昭二〇・一二・二一
中島已男次	三等兵曹	自宅	昭二三・一一・三
本庄平次郎	伍長	沖縄	昭一九・六・二二
本庄重蔵	上等兵	自宅	昭二〇・七・三
山岸賢司	上等兵	比島	昭二〇・三・六
西川直市	兵長	沖縄仲間方面	昭二〇・四・四
福本政吉	兵曹	パラオ島沖	昭二〇・七・二
白井万吉		比島・レイテ島	昭一九・二・二七
足原那男	兵長	南方海域	昭二〇・一二・一四

高城丈一郎　一等兵　自宅　昭二九・八・一二
白井龍太郎　上等兵　上海　昭一二・一一・三
西川庄次郎　伍長　自宅　昭一六・三・一一
白井喜三郎　軍曹　自宅　昭一六・六・一〇

（『安曇川町史』、安曇川町役場、一九八四）

【解説】『安曇川町史』には、「満洲事変以後戦没者氏名」として安曇川町における五一〇名の戦没者名簿が掲載していて、このうち青柳区関係では右掲の四八名をかぞえる。昭和十二年七月の盧溝橋事件が発端となって日中の全面戦争がはじまり、それから昭和二十年八月十五日の戦争終結までの八年間、おおくの青壮年が戦争の犠牲者となった。大正十四年の人口統計によると、青柳村青柳のばあい、世帯数が一七一、現住人口のうち男性が四六一人、女性が四五五人である（『高島郡誌』）。単純計算しても、男性の約一割が戦没者となったことになり、その数字を全国の市町村にあてはめると、ぼう大な戦没者数となる。これら尊いいのちの代償が、戦後の日本社会のゆたかな繁栄であることを再認識していただくために、青柳区の戦没者氏名を掲載させていただいた。合掌。

（五二）青柳小学校の校地・校舎の変遷

昭和六十二年二月

旧校地・旧校舎

1. 位置　青柳村大字青柳字万木
九一五番、九一六番の一、九一八番、九二一番、九二二番、
九二〇番の一、二四〇六番

2. 校舎の改築・新築並に敷地増減の状況

(1)明治三十六年以前、校舎ノ改築新築並ニ敷地増減ノ状況

本校ノ萌芽タル柳橋学校ノ創立ニ当リテハ僅ニ一小寺院（神宮庵ト称シ現在ノ敷地内ニアリシ茅葺ノ小屋）ヲ仮用シテ開校ノ式ヲ開ゲシナ

リ。後、教室一棟ヲ建築シ僅ニ児童ヲ収容セシモ、次第ニ就学児童ノ増加スルニ従ヒ狭隘ヲ感ズルコト甚シク、増築ノ議有志ノ間ニ起ルト雖久シク其気運ニ至ラザリシモ、当時ノ戸長藤井新右衛門、学務委員杉本儀兵衛熱心ニ之レガ計画ニ尽瘁シ、苦情ヲ排シ遂ニ新築ノ議ヲ確立シ明治十七年一月工ヲ起シ、同年九月廿日竣功ス。現今校舎ノ主体ナルモノ是レナリ。其経費金弐千七拾六円余ヲ費シ、当時一部落ノ校舎トシテ他ニ比類ナキモノナリニナラン。

明治廿一年八月三十日、教室一棟ヲ増築ス（特別教室ニ使用セルモノ）。

同廿三年五月、校舎全体ヲ挙ゲテ青柳村全村ノ共有財産ニ属ス。

同二十五年九月、村役場ヲ移転シ其跡ニ校舎一棟ヲ増築ス。中央ニアルモノ是レナリ。建築工費金四百四十弐円七拾参銭参厘。

(2)明治三十七年四月現在、校地・校舎

明治二十九年ニハ高等科ヲ並置シ爾来文運駸々乎トシテ進ミ、就学児童亦昔日ノ比ニアラズ。校舎敷地共ニ益狭隘ヲ告ケ児童教養上不便言フベカラズ。茲ニ於テ明治三十六年、校舎増築ノ議ナリ敷地五畝八歩ヲ買収シテ、先ヅ校地ヲ拡張シ同年四月工ヲ起シ二階造リ校舎一棟ヲ建築シ、明治三十七年四月廿四日落成ノ式ヲ挙行セリ。校地買収及建築ニ要セシ費用実ニ参千五百参拾九円ナリ。之ト同時ニ他ニ修繕改造ヲ為シ、各校舎ノ連絡及教室其他ノ配置ヲ改メ全ク旧来ノ面目ヲ一新スルニ至レリ。

(3)明治四十五年六月現在、校地・校舎

明治四十四年六月、二棟（一ハ廿一年八月、他ハ廿五年九月築造）ヲ売却シ一棟（十七年九月築造）ヲ移転改築シテ講堂兼雨中体操場トナシ、其跡ニ二階建一棟ヲ新築ス。経費七千円。四十五年六月竣功。

(4)大正・昭和初期、校舎

大正十五年八月、物置（四坪一棟）ヲ北校舎東端ノ便所ヲ移転セシメテ其ノ後ニ造築ス。猶校地北端県道開通ノタメ道路ニソヒテ修繕ス。其ノ修繕費拾七円弐拾銭也。

昭和七年四月、中庭ニ湯沸場一棟ヲ増築ス。
昭和八年　月、北校舎及講堂ノ間ニ自転車置場ヲ附設ス。
昭和八年十二月九日、御真影奉安殿竣功式挙行。石造奉安殿一棟ハ大阪市小西久兵衛氏ノ寄附、基礎工事、土砂運搬ハ小学生、青訓、青年団、処女会、在郷軍人ノ奉仕、植込ミノ樹木ハ村内有志ノ寄附ニヨルモノナリ。

新校地・新校舎

1. 位置　青柳村大字青柳
一一三七の二、一一三八、一一四〇の一、一一四一の一、
一一四二、一一四四、一一四五の一

2. 校舎の改築・新築並に敷地増減の状況
昭和九年　月、青柳南端ノ田地　坪ヲ買収、新ニ運動場ニ充ツルコトトセリ。総坪数　坪。買収費並ニ埋立費　円。
昭和十二年、前記運動場ニ新講堂建設並ニ旧校舎移築ノ議纏リ、　月工事ヲ始メラレシヲ以テ其ノ南接田地九二一坪ヲ買収埋立テテ新運動場ニ当ツルコトトセリ。買収費一四七九円。埋立費一四〇〇円。
昭和十二年　月、引続キ現在校舎ヲ移築サルコトニ決定シ、先ヅ北校舎ノ移築ニカカラル。
昭和十三年四月、講堂完成。移築ノ校舎モ大体完成セシ故、四月八日一部児童（三・四年）ヲ残シテ移転ス。五月、南校舎ノ移築始マリ同九月完成シ全児童移築校舎ニ移ル。

講堂建築費一万四千九百円也
校舎移築費　　円也

昭和十五年十月、旧校地内ニ設置セラレタル恨ナリシ奉安殿ノ移動工事ニ着手。同十二月末、竣工。
昭和廿一年八月廿一日、連合軍司令部ヨリ奉安殿撤去ヲ命ゼラレ之ヲ撤去ス。

（『会誌』第四号、青柳小学校校舎改築記念事業実行委員会、一九八七）

【解説】資料の原本は、歴代の学校長が書きつづった『青柳小学校沿革史』であろう。原文に句読点を付し、学校平面図は省略した。なお本文中の茅葺きの小庵「神宮庵」というの

は、『高島郡誌』に「神宮寺」という寺名にあたるものである。そうじて明治期の学校建築は、国の補助金などはなく、すべて地元民の寄附金でまかなった。それは、童蒙にしっかりとした初等教育を受けさせることが、ひいては家庭や地域の発展におおきくつながるという一点にあった。

（五三）馬場正通の功績に光を

昭和六十三年六月

江戸後期、高島郡東万木村（現在の安曇川町青柳）に生まれ、当時の北海道探検や開発にかかわった馬場正通（一七八〇—一八〇五）の功績を広く知ってもらおうと、安曇川町上小川、町立中江藤樹記念館（松本孝太郎館長）がこのほど正通の遺稿類の展示を始めた。同館では遺稿の解読も進めており、歴史の奥に埋もれた正通の業績を克明に調べる。

馬場正通は初め大溝藩（高島町）に仕えたが、二十歳ごろ脱藩して江戸に遊学。享和元年（一八〇一）に幕府蝦夷（えぞ）地御用掛・羽太正養に随行して北海道と国後島を探検、文化元年（一八〇四）には箱館奉行となった正養のもとで箱館で塾を開き、多くの門人を教えた。しかし病に倒れ翌年、江戸で数え二十六歳で没した。

正通の兄の子孫、安曇川町青柳、織物業、馬場正則さん方に残されていた正通の遺稿「造幣策」では、北海道開拓を進めるため蝦夷地だけに通用する銅貨や金銀貨の発行を提案している。

正通は若くして亡くなったこともあり、出身地でも長い間忘れられていたが、明治四十一年（一九〇八）に青柳小学校で開かれた中江藤樹遺物展覧会に正通の遺稿が展示されたのがきっかけで、内田銀蔵・京都帝国大学教授が同四十三年に「馬場正通の生涯及其の著書」という論文を発表。しかしその後は研究を進める人もなかった。

今回展示しているのはいずれも馬場家に残されていたもので、『造幣策』の原稿、箱館で出した実家あての手紙、蝦夷地探検の際に乗った船の図面、それに正通が筆写した『露西亜志』『蝦夷志』の計五点。松本館長（61）は「正通は藤樹先生の陰に隠れた形だが、今後は蝦夷地の開発や文化に果たした役割を明らかにし、地元での顕彰活動を進めたい」と話している。

（「毎日新聞」滋賀版、一九八八・六・二八）

【解説】内田銀蔵「馬場正通の生涯及其の著書」という貴重な論文抜き刷りが、財団法人藤樹書院の蔵書中にあって、それを偶然にも松本孝太郎館長の発見によって、その後の馬場正通の顕彰につながった。

（五四）青柳の住みよいまちづくり

平成元年三月

今日の社会で、いちばん気になる現象は、チームワークの乱調であります。なかでも、家庭や地域におけるチームワークは、最悪の状況を呈しており、個人のエネルギーは金銭でつながる職業集団にすっかり奪い取られた感があります。

当青柳まちづくり委員会では、こうした傾向に目を向け、単に目新しい外見的な行事を追い求めるのではなく、課題解決に役立つ取り組みを、少しずつでも積み重ねようと努力をしてまいりました。

特に、希薄になりつつある家庭や地域の人間関係を大切にする意味から、家庭においては子どもと老人に焦点をあて、各種の運動を進めてまいりました。とりわけ《土曜シネマ教室》は、母親を対象に、毎月一回、草の根ハウスを会場に、テーマ別の映画会を開催し、好評を得ました。また子どもと老人とのゲートボール大会などは、じつは「心」にうるおいを取りもどし、家庭や地域における人間関係の改善を願って、という趣旨の事業でありました。

ややもすれば、自己の欲望のみに振りまわされ、相手の心や存在までも平然と踏みにじることになりがちな日本社会にあって、先ほどの映画会の中の「たくさんの愛をありがとう」や「かあさんは歌ったよ」は、明るい社会とは何かを、あらためて考えさせてくれたような気がします。

青柳区まちづくり委員会

委員長　志　村　　武

（「広報あどがわ」平成元年三月号、安曇川町役場）

【解説】「住みよいまちづくり」は、滋賀県教育委員会社会教育課の主管事業で、県下市町村すべての集落・自治会がそれぞれ創意工夫して、間接の県費補助金をうけて実施したものである。それまでの、いわゆる行政側がさだめたメニューに沿っての事業消化とはおおいに異なる発想であったといえる。

ちらしの一例

土曜シネマ教室
― 昭和63年度最終回 ―
《天びんの詩》
（第1部）

★日時　平成元年2月25日（土）
夜8時から
★場所　青柳区会議所
★主催　青柳区まちづくり委員会

※多数御参加ください。

（五五）青柳の史跡めぐり

平成元年十二月

青柳の史跡めぐりと昔話を聞く教室

◎主催＝青柳区まちづくり委員会
◎日時＝平成元年十二月三日（日）
午前九時三十分から正午まで
◎講師＝中江政男氏　中江二郎氏ほか

九時三〇分　区長あいさつ　青柳区会議所前
～徒歩～
九時五〇分　万木の森（与呂伎神社）
一〇時〇〇分　青柳橋（青柳発祥の地）
一〇時一五分　鎌倉時代の石造宝塔（徳正寺）
一〇時三〇分　藤樹先生全集編纂者の岡田季誠宅跡（東医院）
熊沢蕃山の妹羊津の墓碑（浄土寺）
藤樹先生の門人中村重節の墓碑（浄土寺）
一〇時四五分　中江千別歌碑
一〇時五五分　北方探検者馬場正通の生家（馬場正則氏宅）
一一時一〇分　青柳の昔話を聞く（青柳区会議所にて）
一二時〇〇分　昼食

（中江茂和氏所蔵資料）

【解説】 中村重節は、もともと大洲藩士として藤樹の教えを学んだが、のちには大洲藩を致仕して藤樹の謦咳にせっする門人となった。藤樹没後においても、重節は大洲にはもどらずに、生涯、東万木村の朽木藩士岡田仲実の屋敷にて起居したものと推測される。なお重節の墓碑の形状とその大きさは、まったく玉林寺の「藤樹先生墓」と酷似していることに注目したい。

（五六）青柳文庫の開設

平成二年七月

青柳文庫は、最初、ある個人の方が、自宅を開放して始めて下さいました。その後、区の皆様のご理解とご協力により会議所に移り、区の援助を受けながら本を増やしてきました。

そして、草の根ハウス新築の折には、玄関にりっぱな作り付けの本棚を設置して頂き、現在に至っています。玄関を入ったとたん、ズラーッと本が並んでいる。私達の文庫の自慢できるところです。

昭和五十九年より、〔安曇川〕町草の根文庫連絡協議会に参加し、毎年たくさんの本を頂き、全部合わせると二千冊以上にもなります。今、一番の悩みは、本の数が増えるのに反し、利用する子どもの数が減っているのが現状で、子どもたちが〝本好き〟になって、一人でも多く文庫を利用してくれることが第一の課題です。

現在、十九名が土曜日の午後二時から三時まで、当番制で運営しています。（私たちにご協力して下さる方を募っています）文庫の中からたくさんの子どもたちが、巣立っていきました。文庫活動を通してお母さんたちによる「ピノキオ」という人形劇のグループも生まれました。

子どもたちが大人になった時、「文庫って楽しい本がいっぱいあり、友達がいっぱいいて文庫は楽しかったなぁー」と、思い出として残ってくれたらと私たちは願っております。

（「広報あどがわ」平成二年七月号、安曇川町役場）

【解説】 草の根こども文庫は、滋賀県教育委員会文化振興課の重要事業の一つとして推進されて、県下一円またたくまに普及した。これは、その当時、滋賀県における市町村立図書館の設置率が、全国最下位にあったという汚名から、脱却するための事業であったことを見逃してはならない。要するに、《武村草の根県政》の文化施策であって、ひいては県下の公共図書館設置に向けての地ならし的意図を秘めていた。

平成三年二月

（五七）島村・東万木村

a．島村　（現）安曇川町青柳

川島村の西、東万木村の北に位置する。元禄郷帳に「東万木村之枝郷」とあり、高三六八石余で、旗本朽木監物・同内記・同十兵衛領と大溝藩領。天明村高帳で大溝藩領とある。「鴻溝録」にも東万木村の枝郷と記される。大溝藩からは年貢のほかに大豆納三四俵が課せられ夫役はもと一二人で、安永九年（一七八〇）より九人となる（高島郡誌）。田地の用水については本郷である東万木村とともに田中井組の水をもらっており、同組への加入を願って争論を繰広げている。明治七年（一八七四）東万木村と合併して青柳村となる。与呂伎神社はもと古守社と称し、祭神は子守神・勝手神。式内社とする説がある。（後略）

b．東万木村　（現）安曇川町青柳

島村の南にあり、西は西万木村。かつてこの辺りは一面の森で、万木の森とよばれたという。旧名は青柳村で枝郷に二ッ屋があるという（高島郡誌）。天正一五年（一五八七）九月の御蔵入目録（芦浦観音寺文書）に東万木とみえ、高二千八八石。寛永石高帳に村名がみえ高二千三石余で、旗本朽木与五郎知行所一千三四二石余、丹波福知山藩（朽木氏）領四五二石余、大溝藩領三六八石余。慶安高辻帳では高二千二〇三石余、旗本朽木与五郎知行所一千三四二石余、福知山藩領四九二石余、大溝藩領三六八石余、その内訳は田方一千八二九石余・畑方六九石余・永荒三〇三石余。元禄郷帳では高一千八三五石で、福知山藩領と旗本朽木修理領とある。高が減少したのは枝郷島村が分かれたため。天明村高帳では福知山藩領四九二石・旗本朽木領一千二四二石余とある。友綱系旗本朽木氏の本邸が置かれ、代官が在番した。

田地の用水は島村とともに安曇川の田中井組からの配分をうけていたが、十八川村以下一三ヵ村の残り水をもらっていたため用水に不足することが多く、享保六年（一七二一）田中井組への加入を願い出た。しかしこれが受入れられなかったため、同八年京都町奉行へ訴えている。その結果一度は内済がなったが、以後繰返し争論となっている（高島郡誌）。明治七年（一八七四）島村と合併して青柳村となる。（後略）

（『滋賀県の地名』日本歴史地名大系二五、平凡社、一九九一）

【解説】島村は一時期、旗本朽木氏の領地であったが、巨視的にみると大溝藩領であり、東万木村は旗本朽木氏（本家にあたる）と福知山藩領（分家筋の朽木氏）との領地であり、いうまでもなく「飛び地」の形態をとる。ちなみに近隣の上小川村や横江村は、島村とおなじ大溝藩領であった。

（五八）三国丸の模型完成

平成三年五月

江戸時代中期に新型船として建造された俵物廻船三国丸（千五百石積み）の模型が、安曇川町青柳のゆかりの人らによって十八日、同町の近江聖人中江藤樹記念館に寄贈される。

模型を贈るのは、織物業馬場正則さん（46）とその親族ら十人。馬場さんは、江戸中期に蝦夷地の探検に功績のあった馬場正通（一七八〇―一八〇五年）の子孫で、模型は馬場さん宅に伝わる正通自筆の三国丸の絵図面（模写）をもとに滋賀刑務所で製作された。

同刑務所では受刑者が洋式帆船の模型をつくっており、その技術を見込んで製作を依頼。静岡県焼津市に住む和船研究家近藤友一郎さんの指導で二年がかりで完成させ、十四日朝、同記念館に搬入された。

模型は原寸の四十分の一の大きさ。三国丸は天明六年（一七八六）に幕府のきも入りで長崎・出島で建造、蝦夷―長崎間を就航した。和船様式を主体にオランダ、中国の造船技術を導入したことから、「三国丸」と名付けられたという。

正通は青柳（当時、東万木村）の出身。二十歳で江戸に遊学し、二十二歳の時に幕府の蝦夷地巡視に加わり、蝦夷や国後島などを探検した。また箱館で塾を開き、土地の子弟を教育。「辺策発矇（もう）」「蝦夷今古変」などの著書を残している。
模型の寄贈は、正通の生誕二百十年を記念したもので、馬場さんは「早死にのため世間にあまり知られていないこの先祖のことを、多くの人に知ってもらえることになれば」と話している。十八日に同記念館で模型の除幕式がある。

（「京都新聞」滋賀版、一九九一・五・一五）

【解説】三国丸の模型製作が機縁となり、馬場神明講（代表馬場正則氏）の企画によって正通活躍の地であった北海道函館（当時は箱館）をたずねる旅を、これまでに二度実施されている。とりわけ、函館市立図書館に所蔵する未知の《正通関係史料》を閲覧できたことと、箱館奉行所跡を踏査し得たことは、おおいなる成果であろう。

（五九）中江千万紀「千別翁を遠祖に」

平成七年十二月

私の現在住んでいる所は、塩原温泉の玄関口にあたる、栃木県那須郡西那須野町です。人口は約三万六千人、県内では二番目に人口の多い町です。北に那須岳（那須温泉）の噴煙を目にし、今でも豊かな明治時代の面影を残す開拓地でもあります。私は、ＪＲ駅前で歯科医院を継いでいます。初代は、祖父の中江馨が明治三十四年頃、無医村であった当地に、中江医院を開設したと聞かされています。

祖父は十五歳で故郷の近江の地を後にして、姉とみ女を頼って上京し、姉の夫で医師の寺田潤三先生に大変お世話になり、又苦学しながら、医師の資格を取ったようです。本人の努力もさることながら心を支えてくれたのは、近江精神にあったと私は信じています。当地においても消防団長、村会議員、郡会議員等として貢献したばかりでなく、本業の医者として夜中の往診も、嫌な顔一つせず、人力車に乗り、医の仁術を尽くしたと聞いております。

二代目の父は、歯科医として八十五歳の高齢ですが、自分に厳しく、健康に人一倍気をつけ、毎日診療に当っています。三代目が私です。長男も今春歯大を卒業し四代目になろうと思われます。私の両親は、安曇川町を訪れた事があるそうですが、私は残念ながら近江の地を踏んだことがありません。一度、御先祖様のお墓参りに、妻とゆっくり、緑豊かな文化の香り高き安曇川の地を、歩きたいと思っています。

又毎日御仏壇に手を合わせていますが、その仏壇を青柳村から当地まで、必死の思いで持ってきてくれた曽祖母「たづ」おばあさまも、生れ育った近江の国に、なんど帰りたいと思った事か心中を察すると、心に熱きものがこみあげて来ます。又祖父の晩年の日記の中にも、心のふるさと安曇川への懐かしき望郷の念が、子どものように切々と記されてありました。祖父が望郷の念にかられた安曇川の地は、パンフレットを見ても、美しき歴史ある詩情豊かな、ロマンに満ちた町だと思います。

最後に、青柳の中江政男様、中江三郎様、ほか御親戚の皆さま、勝安寺御住職の藤野肇様、中江千別翁の資料のことで、大変お世話になりありがとうございました。

（『わが心のふるさと』、安曇川町役場、一九九五）

【解説】千別翁の直系中江馨氏の孫にあたる著者の中江千万紀氏は、「なかえ・ちまき」と読む。親族筋にあたり、千別翁宅跡を管理している中江喜義氏宅あてに今もなお、千万紀氏からの年賀状が届けられているという。

（六〇）青柳の里由来、後世に

平成八年十一月

現在は田園地帯だが、王朝の昔は森や平原があり、泉がわきシラサギの舞う名勝地だった——安曇川町青柳の住民が、地名の由来を伝えようと、石碑を建立した。

御影石でつくられた高さ一・三メートルの石碑には、表に「青柳の里」の文字が、裏には、この地の情景をうたった平安時代後期の歌人藤原仲実の歌などが刻まれている。地区の役員十三名が費用を出し合い、町の補助も受けて十日に完成した。

同町青柳は、江戸時代以前には東万木村と呼ばれており、現在「万木の森」として近くの与呂岐神社に残る森が、かつて一面に広がっていたとされ、「青柳の里」などとして、柳の枝の揺れる情景やサギの飛び交う姿などが多くの歌によまれている。青柳区長の志村市郎さん（61）は「最近は新興住宅地も増えてきたが、若い人にも由緒ある地名であることを伝えていきたい」と話している。

（「京都新聞」県民版、一九九六・一一・一二）

（六一）日中友好のシンボル・陽明園

平成九年三月

昭和六十一年（一九八六）からはじまった中国明代の思想家王陽明の生地・浙江省余姚市と安曇川町との友好交流を記念し、そのシンボル施設として平成四年（一九九二）十月に開園。滋賀県下では初の本格的な中国式庭園である。

近江聖人中江藤樹記念館に隣接する陽明園（一八〇〇平方メートル）は、八角平面の二層式あづまやの「陽明亭」を中心に配し、その周囲には奇怪な形の「太湖石」をふんだんに使った陽明池、そして漆喰の囲障壁によって構成されている。入口の囲障壁の上には巨大な二匹の龍頭が、また花崗岩を敷きつめた広場には、正装姿の等身大の「王陽明石像」が置かれている。

とりわけ陽明亭は、余姚市文物管理委員会の協力を得て、明代の建築様式にもとづいて復原されたもの。この陽明亭と王陽明石像は、余姚市の材料をもちい、実際の建築に際しても余姚市城郷建設委員会のメンバーによって施工された。なお「太湖石」や石橋などの花崗岩は福建省産。

（『あど川の文化と先人たち』、滋賀県安曇川町、一九九七）

【**解説**】安曇川町役場発行の当該書には、陽明園の住所を「上小川」と書かれているが、これは誤り。陽明園の所在地は高島市安曇川町青柳一一五〇番地の一である。明代の大儒王陽明の生没年は、一四七二―一五二八。余姚市は、人口八〇万の地方都市である。

（六二）55年目の修学旅行

平成十一年五月

戦争のため時機を失したままになっていた安曇川町の青柳国民学校（現・青柳小学校）の《修学旅行》が二十三日行われ、五十五年目の伊勢旅行に同窓生十六人が元気に出発した。

一行は同町四津川、農業早藤春雄さん（67）ら昭和十九年三月に同校を卒業した人たち。当時は戦争の敗色が日ごとに濃くなり、「作ったコメは全部お国に供出。ひもじく、米軍機の機銃掃射も怖かった」。そんな理由から修学旅行どころではなかった。「前年の卒業生は旅行に出かけていて、中止を知った時は悔しかった」という。

生活や子育て…に追われた日々もひと段落。十数年前から同窓会など仲間が集まるたびに、心残りの修学旅行が話題になっていた。各地で遅ればせながらの「修学旅行」が実施されているのを知り「われわれも」との声があがった。

集合場所は近鉄京都駅。クラス三十六人のうち高島郡内や大津、京都市から十六人が参加した。「久しぶり」「おまえ、ちっとも変わらへんな」…と再会を確かめ、「子どもや孫を修学旅行に送り出した経験があるもんばかり。京は孫に送り出してもらいました」。十六人は半世紀前の少年・少女に返り、元気に出発した。一泊二日の日程で、伊勢神宮や鳥羽を巡る。


（「京都新聞」県民版、一九九九・五・二四）

【解説】さきの戦争の《つめ跡》が今なおこのような形で残されていることと、苦難の時代を生き抜いた人ならではの《今生きている》という喜びの催事であったといえよう。第二部掲載の北川三男氏は、その参加メンバーのひとりであった。

（六三）西出地蔵尊の御堂落慶法要ちらし

平成十五年五月

西出各位殿

地蔵尊御移従法要のご案内

前略
新緑がまぶしい爽やかな季節となりました。青柳・西出地区の皆様方におかれましてはお元気でお過ごしのこととお慶び申し上げます。
すでに3月に地蔵尊の御移従の件、ご案内（お知らせ）させて頂きましたが、かねてより安曇川町大字青柳1214番地の4、鎌田実様宅地先への移転の交渉をしてまいりました結果、鎌田様と近隣土地所有者の方の同意、並びに県からの許可も得ましたので、過日地鎮及び清め祭を済ませました。土用明けより基礎工事にも着工し、5月25日頃には新しい御堂も完成の運びとなりました。

つきましては6月1日（日）に「御堂落慶御本尊（地蔵尊）御移従法要」を勤めさせて頂きたくご案内申し上げます。新しい御堂の落慶をお祝いするとともに今後ますますの西出地区の繁栄を祈念したいと思います。西出地区の皆様多数のご出席をお待ちしております。

早々

平成15年5月21日

西出地蔵尊移従実行委員会

記

1. 日　時　6月1日（日）午前9時より

2. 場　所　青柳・西出地区　鎌田実様宅前　新御堂設置場所にて

尚、当日法要のあと「仲よし」さんにて直会を予定しております。

（後略）

（宮川久男氏所蔵資料）

【解説】路傍の地蔵尊のおおくは、その上部に建物の庇を模して、レリーフ状の《石仏》が刻まれている。それらは江戸時代以前に作られたものであり、地域の人々が祈りを込めてたいせつに守ってきた歴史でもある。西出地区における浄財をつのっての地蔵尊御堂の新調は、まさしくそのような厚い信仰の歴史を証左する催しにほかならない。

（六四）犠牲者の心安らかに

平成十五年九月

安曇川町青柳の浄土寺で二十八日、一九五三年九月二十五日の台風の際に安曇川決壊で亡くなった同町青柳地域の住民ら十四二人のめい福を祈る「水害法要」が営まれた。

今年は決壊からちょうど五十年になることから青柳区が開催。法要には住民ら約五十人が参列し、岡田三武郎区長のあいさつに続いて、犠牲者の名前が読み上げられた。

この後、決壊の際に水防活動に参加した杉本儀兵衛さん（77と、一歳の二女を亡くした白井豊七さん（79）が体験談を披露。白井さんは、川の決壊で瞬く間に一帯の家が濁流に流された当時の状況を説明。娘の遺影を見せながら「二人の娘のうち一人を抱え、流れてきた木につかまるのがやっとだった。半月ほどして二女の遺体が無残な姿で見つかった」と声を詰まらせて話した。参列者は遺族らの体験談に耳を傾けながら、災害の風化を戒めていた。

（「京都新聞」県民版、二〇〇三・九・二五）

【解説】 新聞記事に登場する杉本儀兵衛氏にしても、また白井豊七氏にしても、すでに故人となられたので、この五十回忌の《十三号台風犠牲者追悼法要》が青柳区の昭和史の一つの区切りとなった感がある。

（六五）畠山美智子「駒井先生と私のふるさと」

平成十六年八月

私が初めて駒井先生にお会いしたのは、滋賀県人会に入会した時（平成十年）です。滋賀県についてこんなにも情熱を持っている人はいないだろうというのが第一印象でした。特に安曇川（私の出身地です）近辺については驚くほど詳しく、私の生まれ育った地が先生の話を聞いていると、すばらしい歴史深い地に見えてくるのです（後に、本当だった事がわかるのですが…）。

「出身地はどちらですか?」と聞かれ、「滋賀県です」と答えてもすぐにわかる人は少なく、日本一の琵琶湖のある所との説明でわかるという事が少なくないのです。歴史、特産物、名勝地等沢山あるのですが、人に説明をして納得してもらえる程の自信がないのかも知れませんが!

昔から近江商人という事は広く知られていますが、深く考えた事はありませんでした。岩手滋賀県人会発行の『近江商人・東北の末裔たち』という本の中で、駒井先生が近江商人について大変詳しく書かれています。

古くは、江戸の末期より岩手の地に根をおろし、商いの発展のために尽し活躍した近江商人、高島商人が沢山いた事にも驚くばかりです。今なお活躍されている方達のルーツも詳しく書かれています。

遠く離れたみちのく岩手にて生まれ育ったふるさとの歴史を知り、滋賀と岩手の深い係わりを知ったのも駒井先生との出会いがあったからなのです。近江の国、高島商人の地をふるさとに持つ事に誇りを感じています。

駒井先生、本当にありがとうございました。

（『我、近江との架け橋とならん』、駒井健先生追悼集刊行委員会、二〇〇四）

【解説】執筆者の畠山美智子さん（昭和二十四年生まれ）は、旧姓杉本といい、青柳出身の人で、現在ご主人の出身地・岩手県盛岡市に住まわれている。また、駒井先生とは、岩手大学教育学部教授で、ながく岩手滋賀県人会長を務められた駒井健氏（一九三一―二〇〇三）のことで、滋賀県主催の《あきんどフォーラム》を機縁に、高島と盛岡との人的交流をおおいに推進せられた。駒井健氏の先祖は、江戸時代、北船木の駒井正見氏（俳号でる太）の家から出て、近江商人として京都で商いをしたのち宮古・盛岡へ往かれたという。

（六六）安達裕之「ミッシングリンク」

平成十七年十二月

十八世紀最後の十五年間に幕府は、在来形と異なる船の導入を二度実行し、一度計画した。天明六年（一七八六）に田沼政権は長崎奉行に命を下して俵物廻船として和洋中折衷の三国丸を建造させ、寛政十一年（一七九九）に東蝦夷地を直轄した幕府は御用船として唐船造りの沖乗船を就航させた。一方、寛政四年のロシア使節の来航を契機に老中松平定信は海防強化のために自ら「唐蛮制之船」の導入を立案し、勘定奉行に洋式船の取調べを命じたが、老中罷免により計画は画餅に帰した。

一見、関係のなさそうな三者をつなぐのが、享和三年（一八〇三）に馬場正通が写した三国丸の雛形の絵図である。馬場は西近江の人、寛政十年に江戸に出て、享和元年に蝦夷地取締御用掛の一行に加わって蝦夷地を巡見した後、勘定奉行、蝦夷地奉行に仕え、文化二年（一八〇五）に死去した。馬場の経歴からして、馬場が蝦夷地直轄政策に関わる幕府の有司から絵図を借りて写したことは明白である。浄書された三国丸の建造・運航に関わる写し三冊が今に伝わることを勘案すれば、定信の命を受けて、長崎奉行に紅毛船の造り方を問い合わせた勘定奉行が長崎から三国丸の一件書類を取り寄せていたことは間違いなく、これが後に幕府の直轄政策に利用され、三国丸を下敷きにして沖乗船が生まれたことは想像にかたくない。

洋式船導入を図った田沼政権が、和洋中の船の長所を折衷した船を造るにしくはないという建議を容れて建造したのが三国丸であってみれば、ロシア使節船の遅延事件により西欧船が万能でないと知った定信が、老中を罷免されていなければ、折衷船を造ったと考えてみたくもなろう。

（『UP』第三四巻第一二号、東京大学出版会、二〇〇五）

【解説】著者の安達裕之氏は、東京大学大学院総合文化研究科教授で、日本造船史を専門とされている。著書に『異様の船──洋式船導入と鎖国体制』などがある。

（六七）高島市「藤樹の里」を歩く

平成十八年十月

藤樹の里を歩いた日、琵琶湖の北にいわし雲が浮かび、家々の庭先でコスモスが心地よい風に揺れていた。良知館を訪ね、温かいお茶をいただいた。何十年か前の取材風景が思い出され、郷愁がこみ上げてきた。（河村司郎）

地場産品手ごろな道の駅

国道161号を北へ。高島市安曇川町青柳に、道の駅「藤樹の里あどがわ」の大看板があった。今年6月に、「ホッとする　心とからだに　道草を」のキャッチフレーズで同市が総額13億6千万円で建設。経営を社団法人・安曇川町観光協会に委ねた。訪ねたのは平日の午後2時過ぎだったが、大勢がカートを押して買い物を楽しんでいた。

建物は、鉄筋平屋建ての瓦ぶきで、広さは約5千平方メートル。間伐材などで和風仕上げになっている。高さ14メートルの屋根中央部に扇子を広げた形の天窓があり、日中は自然光が気分を和らげてくれる。メーンの特産品売り場は、車いすの人も自由に買い物ができるよう商品棚の高さを80センチにそろえ、通路幅も約2メートルある。

商品は、市内の食品・工芸業者85軒と農家約45軒が地場産品のみを持ち寄っている。淡水魚の佃煮、鮒寿司、和菓子、旧安曇川町が開発したアドベリージャム、野菜に加え、いまは新米が5〜10キロ入りの袋で並ぶ。旅行帰りに立ち寄ったという神戸市内の女性は「藤樹の里だったのですね。ネギを2束買って200円。安いわ」とにっこり。

訪れた人は9月末までに10万人を超えた。地場産業振興策として駅舎の南側に「扇子ギャラリー」があり、地元の技術者が扇子作りの実演を披露。見学者が扇子の折り紙に好みの字や絵を書き入れられるコーナーもある。

地場産品の豊富さに加え、関西圏の道の駅でも数少ないコンビニを併設。24時間利用できる便利さもこの駅の自慢だ。(後略)

(「朝日新聞」滋賀版、二〇〇六・一〇・二三)

【解説】国道一六一号バイパスの開通にともない、大型スーパーと道の駅などの進出によって青柳区の風景もおおきく変貌し、これまでだれも想像し得なかった《人のにぎわい》を呈するようになった。要するに、日常生活の便利さを獲得することができた。と同時に、地域の生産者が直接、道の駅に産品をならべることができるのは、経済的にも地域活性化におおきく貢献しているともいえる。

(六八)埋もれた石碑復元、柳植樹

平成二十二年十一月

和歌に「青柳の橋」「青柳の里」と詠まれた高島市安曇川町の青柳区でこのほど、埋もれていた石碑を復元する作業や、朽ちた柳に代わる苗木の植樹が行われた。住民らは「地名の由来を語り継ぐきっかけにしたい」としている。

青柳は、鎌倉時代の夫木和歌抄に「暮れていく春やこれより過ぎぬらん 散り積もる青柳の橋」(堀川右大臣)など3首が収められ、他の歌集にも多くの作品がある。1846(弘化3)年に村人の関宗順が記念の石碑を建て、柳を植えたという。

当時は東万木村。73(明治6)年に青柳村になり、歌枕は地名になったが、石碑と柳は近年、地域の人々にも忘れられていた。

旧安曇川町教委で文化財を担当していた住民の中江彰さん(57)が、風化で判読しにくい石碑と、朽ちた柳の切り株を見つけた。記録に残る石碑の文面に記された橋や神社との位置関係から、関が残したものと断定。今年の区の役員らが11月上旬、埋もれていた石碑を重機で元の位置に戻し、柳も植えた。
区長の山野正治さん（62）は「青柳という地名の由来と歴史をこれからも語り継ぎ、知ってもらえるようにしたい」と話す。

（「京都新聞」滋賀版、二〇一〇・一一・一九）

【解説】江戸末期の弘化三年（一八四六）、関宗順が植えたとされる柳の幹は根元付近からすでに朽ちて、わずかにそこから新芽が毎年春に何本か出ているという状態であった。それで、川に倒れかかっていた古碑を移設し、あわせて《平成のしだれ柳》を新たに植えたということである。古碑はいわゆる比良山系の花こう岩で作られたために、碑のおもてに刻まれた文字は風化して、その字の痕跡さえもまったくわからない。

【第二部】

昭和・平成の懐旧談

凡　例

一、第二部は、昭和から平成にかけてそれぞれの方面で活躍せられ、今となっては後世に残しつたえるべき区民の懐旧談、体験談を集録したものである。これによって、いわば第一部の文書資料を補完し、証明するという役割をはたすことができる。

一、（一）から（四）は、昭和五十九年（一九八四）十一月の「安曇川町制施行三〇周年」における安曇川有線放送の特別番組でご本人が放送され、そのあと、当該原稿を「広報あどがわ」に連載されたものである。藤井九二男氏以外の原稿は、その内容が青柳区との直接的なかかわりはないものの、広く旧安曇川町の知られざる歴史を知るうえで、すこぶる貴重といえよう。なお、放送原稿ゆえに、若干省略させていただいた箇所もある。

一、（五）は、「全日本私立幼稚園PTA新聞」掲載の原稿で、創立期における藤波幼稚園の情操教育をうかがうには、貴重な資料である。

一、（十八）は、「青柳小学校創立百周年記念誌」に寄稿されたものである。

一、氏名、生年の下に※印を付しているのは、物故者をあらわす。

一、（七）以下は、現在においてご活躍せられている方々の原稿であり、その排列は寄稿者の生年にしたがった。また、生年が同一のばあいには、氏名のあいうえお順とした。

一、本文の昭和、平成の元号の下には、できるかぎり西暦を（　）欄中にふした。再三出てくるばあいは、省略した箇所もある。

一、振り仮名は、編集者のほうで適宜ふしたものである。

（一）安曇川中学校創立の頃

中村重雄（明治四十二年生まれ）※

「明治は遠くなりにけり」とは誰の言葉か知りませんが、本当でしょうか。たとえ現実はそうであっても、明治生まれは多難な歴史を力一杯生き抜いて来たのに、その苦しみや悩みは今となってはとっくに忘れてしまって、ただ「昔はよかった」との印象が残るのみ。私もその一人として想い出を辿ってみましょう。しかしそれは終戦の新しい出発として、安曇川中学校創立当時を振り返って、即ち昭和二十三年（一九四八）八月、組合立安曇川中学校誕生からの話であります。

此の安曇川町は、本年（昭和五十九年）をもって町制三〇周年を迎え、共に喜びあえるめでたい日が巡って参ったのでありますが、その当時の広瀬・安曇・青柳・本庄の旧四ヶ町村が一つになるという合併のきっかけは、何といっても組合立の安曇川中学校の創立にあったと思います。もう一つ更にその発端をさぐればスクールバスの購入とベテランの運転手さん二人で、日夜運行を実現したことにありましょう。当時の「何は無くても、教室とそしてバスによる通学が可能であれば」云々と、時の組合会の代表議員さん、教育委員さんたちが、今日も明日も頭を悩まし、深夜まで審議を重ね論議を尽くしてまとまった結果、安曇川中学校という校名と校旗はもちろんのこと、基本的なものから始まり特に県下に稀なスクールバス二台とそのガレージの建設でありました。

極端に資材不足な時代を象徴するがごとく、校舎は粗末な木造。天井の低い教室で、ガタビシと鳴りひびくせまい廊下に面した職員室には、四〇何名という大世帯。計画通り三年生全員と、安曇の一、二年生、引き続き青柳校舎の全員が移り、ひしめき合って我慢としんぼうの毎日でした。講堂も、体育館も、図書室も、みんなそれらは後回しで今後に夢をふくらませて。そして毎週青空のもとでの朝会を続けたのであります。また週の途中には、広瀬校舎への音楽の出張授業などもあって思い出はなつかしく。校舎間の交流も情報交換も行われました。

次は若々しいつやのある大声で「校歌」が歌えるように。歌による生徒間の心のふれあいと統一をめざして――。それには、すでに故人となられた初代校長の松本義懿氏の苦心の作詞が発表されて、私にその作曲をと依頼されたのであります。

（一）千鳥しばなく　安曇川の
　流れ流れて　ゆくところ
　清き姿を　かがみにて
　学びの道に　いそしまん

ゆったりと清く流れる安曇川の水の姿に、自然の恵みを感謝し、はたまた偉大なる藤樹精神にふれて、共に心豊かに生きる地域の人々の此の心情を曲想にと考えました。そして一刻も早く作曲して、生徒たちの心にしみる歌声にと願いながら、幾晩も何枚かの五線紙に書き上げ、やっとの思いでそれを急いで此の道の有名な方に見ていただき、そのほほえみと生徒たちの反応とに胸はずませ、かたずを呑んだあの日の感動――。

だが演奏に必要な楽器としては何一つなく、一年間は生まれつきの肉声と耳とを唯一のたよりに、声の枯れるのも忘れて、リズムとハーモニーの美を求めて音楽らしい音楽活動と頑張ったのであります。そのうちに肩の凝るような重いヤマハのアコーディオンを一台、事務局の協力を得て購入。引き続いて古いオルガンなれども音色の美しいストップ付きを一台、京都の十字屋へ走って買い求めました。此の時、古もさらも同じ値段で金三万円。なかなか新品は手に入らず、まあまあと一息つく暇もなく、三年生の生徒の入選作である「スクールバスの歌」への作曲を急ぎ、これも生徒の歌声のよさで、その出来栄えを祭知。バスが上は広瀬へ、下は本庄へと走る喜びを車のリズムに載せて。

（一）緑のそよ風　ゆれる窓
　輝く朝日　身にうけて
　今日も行く行く　スクールバスは
　あふるる我等の　希望のせて
（二）み空は夕やけ　日は沈む
　学びの園を　あとにして
　今日も帰るよ　スクールバスは
　満ちたる我等の　歓喜のせて

早速、生徒手帳の作成と共におもて表紙には「校歌」を、裏表紙には「スクールバスの歌」をすり込み、生徒たちが此の二曲を日々うたってくれることを信じて。そんな時、昭和二十五年（一九五〇）地元からピアノの寄贈があって大変うれしくて、若さが甦ったごとく。ここに三〇数年の歳月が流れました。あれから幾星霜、特に入学式・卒業式には生徒の一人ひとりが大声で心からうたってくれる校歌の話を耳にして感無量。なお最初二部合唱曲としたのを改めて、途中で三部合唱曲に編曲して、それが却って盛上り喜ばれた話を聞き、今も改めて胸にジーンと来ます。また体育館と共有の講堂に百人のコーラスも可能にと願ったステージも造っていただき、その後購入の新しい楽器とブラスバンドの編成へ。漸く楽器の揃った頃、折しも人事異動により転勤。

昨日も今日も教科の室内授業よりも好きな野球に明け暮れる中学生の姿をみるとき、何れの教科にも共通の悩みは多かったが、だがしかし青少年の教育に欠かせないものは何でありましょう。対象たる生徒と教師との信頼関係、音楽の設備は勿論のこと、そしてそれにまさる教師の熱意との融けあった本当に心の通い合う共感のリズムにのってこそ、情操教育の核心にふれるものと信じ、その成果を心から祈りつつ、能力の限りを尽くしたあの日のひたむきな感動こそ深い想い出となって心のカメラに焼きつき、我が人生への生きざまの一端に和むひと時でございます。

当時のいろんな想い出にひたる中で広い視野での付きあった人々や、その世代のものの考え方がなつかしく、此の度の折角の機会を「校歌」の作曲にまつわる想い出のみに終始して失礼でございましたが、ここで現在私の奉仕させていただいている藤樹神社にゆかりの深い先生方への追憶を「校歌」の二番によせて。

(二) 紫匂う　藤波の
花ふさふさと　咲くところ
良知の学を　身にうけて
正しき道に　励みなん

三番は省略しますが、安曇川町の皆さん、終戦直後の混乱期に於てこそ新しくスタートした安曇川中学校が「良知に致る」の藤樹精神をひとづくりの根源とし、心の支えとして小中一貫しての此の地域の教育方針は確立され、今もなおその心が幼児にまで染み透っている此の環境のよさ、豊かな人間性への芽生えが藤樹先生の心情を肌で体得する此の風土とその実践とが今後益々積み重ねられ、そうした体臭となって拡がって行くことをいつまでもと願うのであります。安中の卒業生である皆さん、時々は此の歌を思い出すままに口ずさんで頂ければ大変幸せでございます。

（「広報あどがわ」第四〇〜四二号、安曇川町役場）

（二）高島銀行の話

江阪秀雄（明治四十三年生まれ）※

高島銀行について話をせよとのことですが、私が入行したのは大正十四年（一九二五）で今から六〇年前です。現在安曇川町における私の先輩では、中野の清水久麿氏と清水周一氏のお二人でして、ご健在でおられます。

一般の方で高島銀行のあったことを記憶しておられる人は、今では大変少ないのではないかと思います。現在、高島郡内にある滋賀銀行の各支店が高島銀行の本支店であったのです。それでは高島銀行の設立からお話し申し上げます。

高島銀行は、明治三十年（一八九七）に安曇村の安原仁右衛門氏ほか四九名の発起人により設立されたのであります。その動機は高島郡内に金融機関なるものがなかったため、湖西地方の企業者に金融の途を開くためとともに、地方の商取引上の不便を打開することにあったのであります。五〇名の発起人は、明治三十年十月九日設立願書を大蔵省に提出して免許を得て、同年十月二十一日資本金九万五千円を以って安曇村大字田中（南市）に新銀行が設立されたのです。そして本店店舗は五番領に置き開業されたのであります。その十一月には新庄支店、十二月には勝野支店、翌三十一年四月には和邇支店、三十三年（一九〇〇）には今津支店、その後朽木・旭・海津に支店、旧本庄村南船木に出張所がそれぞれ開設されました。

業務はもちろん普通銀行業務であり、後年になって貯蓄業務を兼営し、また滋賀県の支金庫、日本勧業銀行の代理業務も取扱っていました。創業以来、業務の発展により大正六年（一九一七）六月、資本金を五〇万円に増加して、但し公称資本金です。

さらに大正十三年（一九二四）十二月には、本店店舗をこれまでの木造建てから立派な鉄筋コンクリートの二階建て、延べ九六坪に新築して、偉容を整えたのであります。現在、その建物はサンコー家具センターの所有となっているそうですが、当時鉄筋コンクリート建ての建物は高島郡内では初めてでありましたので、珍しがられ近在の人々が「セメントの家ができる」と言うので工事現場へ弁当持ちで見物に来られた、ということを先輩の人から聞いております。

この本店の建物は、大阪の清水組（現清水建設）が建て、建築総工費は五万円と聞いております。今の金に換算すると五億円相当かかったのではないかと思います。また木造の旧店舗は、現在藤樹神社前の小島平次氏の店舗となっております。

創業以来三〇年間、高島郡内における唯一の銀行として地元の金融に寄与し発展してきましたが、昭和二年（一九二七）にわが国金融史上特筆すべき「世界大恐慌」が起こったのであります。それは大正七年（一九一八）欧州大戦後、わが国景気の反動的経済不況がやってきて、大正九年以降不景気の連続で、そこへきて「震災手形」、震災とは大正十二年（一九二三）九月一日の関東大震災のことで、手形の処理問題をめぐって金融不安が爆発するにいたったのです。

そうして昭和二年三月十五日に渡辺銀行の休業、会社でいう倒産のことですが、これが皮切りに銀行の取り付け、すなわち預金者の集団的預金の引出しが全国的に波及し、休業する銀行が続出したのであります。それで政府は預金者の預金引出しを止めるため、モラトリアムすなわち支払猶予令を施行して、四月二十二、二十三日の両日、全国の銀行が一斉に休業を行って預金者の不安を沈める対策を考えたのですが、休業明けも各地で営業のできない銀行が引続きでてきた状態でした。

わが高島銀行においても必死になって預金者が安心されるよう、いろいろ対策を考えられ、後になって笑い話になりましたが、お客さんの見える所にお札を《ミカン箱》に積み上げお金が多くあるように見せたり、また日本銀行の援助もないのに日本銀行からの援助があるようなビラを店頭に貼ったりしました。また当時、田中郵便局と銀行の間に超過金契約、すなわち郵便局が一日の払いにより余った金を、銀行を通し日本銀行代理店へ送金することで、それで時間内に銀行へ現金の持ち込みを願って預金者が見て、銀行から引き出して郵便局へ貯金しても政府の郵便局が銀行へ持ち込むのであるから、高島銀行は心配ないというわさが出て、預金者の中にも安心された人々もありました。

そうしている間に取り付けさわぎも日に日に収まり、一旦引き出したお金を家に置いても物騒なため夜間裏口より預け入れに来られた人々もありました。この金融恐慌が契機となち、早くから、当局の提唱してきた銀行合併による銀行強化が理解され、大蔵省の方針にもとづき「小銀行合同整理」が各銀行間で秘密裏のうちに折衝が進められ、昭和二年十二月、三〇年の歴史に終止符をうって、滋賀県下二大銀行の一つと称された《百卅三銀行》と合併することになったのです。

(「広報あどがわ」第五一、五二号、安曇川町役場)

(三) 第一室戸台風と青柳小学校

藤井九二男(大正九年生まれ)※

『滋賀県史』によりますと、第一室戸台風は昭和九年(一九三四)九月二十一日午前五時、室戸岬に上陸、その時の最低気圧は六八四ミリバール、風速四五メートルを記録し今までにない大きな台風でありました。

(中略)

当時ことに問題となったのは学校の倒壊、流失であり、それによる児童の死傷者が多数出たことであります。本県においても最大風速三七・二メートルを記録し、被害は県災害史上最大といわれております。

その時の模様を当時の「朝日新聞」は、次のように報じています。

「二一日朝突如襲つた猛烈な台風の悪魔の呪に、急行列車は瀬田鉄橋上において九両転覆、阿鼻叫喚の惨を極め、この世ながらの生地獄を現出した。また、栗太郡山田校（現草津市山田小学校）は自然の最も冷酷な惨害に学童十七名の生命を奪い、あまりにも痛ましい宿命の姿を見せたが、家屋はぶつ潰され樹木、電柱の倒壊は県下の至るところに惨憺たる残骸をのこした」

また、県下農作物の被害額は一千万円といわれ、近江八景の一つ堅田浮御堂は一千の仏体とともに湖底に沈み、鬱蒼たる三井寺山内の樹木は八部通り倒伏するなど、湖南・湖西を中心に県内一円に被害を及ぼし、死者四七人、負傷者六四一人、全壊戸数六八一戸に達しました。

この台風が襲った年、私は青柳尋常高等小学校高等科の二年生でありました。当日は朝から物凄い風吹きでありましたが、高島郡連合運動会の開催日であったので、日の丸弁当を腰にして、何時もより早く登校時の集合場所である日吉神社に行きました。風はいよいよ強くなり、お宮さんの大きな杉や松が根元から揺れていました。

このような日に運動会があるのかなあと思いながら、部落長の引率により学校へ行きました。登校後暫くした頃に運動会が延期になったことを知らされがっかりしましたが、その時には既に校舎は危険な状態になり、先生や看護当番の誘導により全校生が講堂に避難しました。しかしその講堂も大きく揺れ始め、「みしみし」と不気味な音がしていました。何時まで続き、どうなることやらさっぱり分かりませんでした。

不安な長い時間が過ぎ、午後にはようやく風も弱くなり安堵することが出来ました。校庭にはいろんな物が散乱し、惨憺たるものでありました。お宮さんの大きな木が倒伏し、鎮守の杜の様相もすっかり変わってしまいました。また納屋が二棟倒壊した時、屋根の葦や藁がほとんど飛び散って合掌が丸見えになった家が多く、田んぼの稲は畳を敷いたかのように倒れるなど、これが台風であることを知り、その猛烈な威力に驚き恐怖を覚えました。

さて、昭和九年当時の青柳小学校と村役場は、今の東医院の処にありました。学校は中央に講堂があり、その南北に二階建て校舎が一棟ずつありました。建築年次は、講堂と北校舎が明治四十四年（一九一一）と四十五年で、南校舎が昭和四年（一九二九）でありました。講堂の西が運動場で、その南側に黒い塀で囲った村役場がありました。木造平屋建てで、その外観が役場らしくないために、行商人が民家と間違えたそうであります。

動場は非常に狭くトラック一周せいぜい百メートル程度で、直線コースがほとんどない円形に近いものでありました。それで走りの練習はよく前の馬場を使いましたが、これでは充分な練習が出来る筈はなく、加えて生徒数が少ないこともあって、毎年五月二十七日、水尾小学校、現在の高島保育所で開催された南部連合運動会や、九月下旬に現在の高島高校での高島郡連合運動会などで、トラック競技はもちろんのこと、フィルド競技でも決勝に進出することが出来ても上位入賞は稀でありました。

このような思い出があります。南部連合運動会の帰りに鴨川堤防でよく本庄小学校の生徒と一緒になりました。本庄は優勝や上位入賞が多く意気盛んで、身体も一回り大きくて逞しく何となく威圧を感じました。一方、私たち青柳の生徒は、先ほど申し上げましたとおり成績が芳しくなく、借りてきた猫のように大人しくしていたものでした。このような私たちも藤樹橋の所で別れると、途端に元気になって悪たれ口をたたいて鬱憤を晴らしたものでした。

話が横道にそれ、元に戻します。先生はと言いますと校長先生以下一〇名で、この外に農業の先生である村野会の技手と補習科の裁縫の先生が居られました。生徒は義務教育である尋常科の一年から六年までが二二四名、高等科一・二年が六五名、合計二八九名でありました。「男女七歳にして席を同じうせず」の時代であるにもかかわらず、生徒数が少ないため男女共学でありました。余談でありますが、この頃は学校を卒業すると長男は家業に従事し、夜は実業補修学校で学び、二男以下の多くは京阪神へ丁稚奉公に、女は家業や家事手伝いの外、補習科などで裁縫を習うことが常で中等学校への進学者は極めて僅かでありました。

授業始めと終りの合図は、ガランガランと片手で振る大きな鐘であり、正午と夜の十時を告げるドン、つまり太鼓も学校にありました。時間になるとドン・ドン・ドンと鳴らされ、現在のラジオやテレビの時報のようなものでありました。ドンを合図に仕事を止め昼食にしたり、夜遊びも「ドンが鳴ったいのうお休み」と日常生活に深く結びついていました。また、毎朝の朝礼は「金剛石」の歌を唱って始まりました。特に藤樹先生の誕生日である七日と、命日の二十五日には藤樹先生のお話と奉公貯金や、爪・ハンカチ・鼻紙の検査があり、午後からは藤樹神社の清掃奉仕が行事となっていました。

休憩時間や放課後には野球・テニス・卓球などをしましたが、野球のバットは手製のものもありグローブは満足になく、テニスはラケットの代りに板を使い、また卓球台は雨戸で、ラケットは勿論手製でありました。満足に道具としてでなくルールも曖昧でありましたが、それでも結構楽しく仲良く遊びました。

（「広報あどがわ」第四八～五〇号、安曇川町役場）

（四）戦前の太湖汽船

中江三郎（大正九年生まれ）※

琵琶湖シャンソン

昭和の初めにこんな歌が流行していた。

（一）逢いに来ました　湖水の女王

姿なつかし　姿なつかし　みどり丸

ドラが鳴ります　出船のドラが

空は五月の　ヤーレ　ソレソレみづあさぎ

（二）湖で暮れれば　寂しいこころ

せめて飛ばそか　せめて飛ばそか　伝書鳩

可愛や翼が　夕日で染まる

あれは多景島　ヤーレ　ソレソレ竹生島　※以下省略

この歌は、太湖汽船が昭和五年（一九三〇）、京阪電鉄とタイアップして、交通業界としてはわが国最初のレコードの頒布による琵琶湖観光の宣伝であった。当時の詩壇の巨匠・西條八十と楽団の花形・中山晋平のふたりを琵琶湖に招き、そのときのイメージをもとにして作詞作曲されたのが、この新民謡「琵琶湖シャンソン」であった。唄は佐藤千夜子、ビクターレコードより一斉発売され、時代にマッチしたのか爆発的な人気で全国津々浦々に浸透し、琵琶湖観光の実をあげたのである。

当時の安曇川でも若人のあいだで盛んに歌われたためか、小学生の頃に自然と覚えてしまった懐かしい歌のひとつであり、昭和初期の世情を彷彿として想い起こさせてくれる。

水泳船

「琵琶湖シャンソン」の中で「京阪丸」も歌われているが、この船はスキー船・水泳船として活躍した。少年の頃に見た光景だが、近江舞子の桟橋に寄港していた京阪丸の一番てっぺんの手摺りの上に立ち上がった水着姿の青年が、鮮やかな弧を描いてダイビングをやってのけた。まったく度肝を抜かれた。浜の水泳客はみんな一斉に拍手を送った。

だが、それだけではなかった。今度は出港をねらっていたのか、汽笛を鳴らしながら桟橋を離れていく船から、またもや綺麗なフォームで飛び込んだ。無謀に近いこのようなことが、いとも平気で許されていた時代でもあった。

定期航路

太湖汽船の定期航路は、昭和六年（一九三一）の江若鉄道の開通後もなお運航された。今はなき船木の桟橋から浜大津まで四時間かかった。しかし江若鉄道料金の約六～七割であり、料金の格安なところに利用価値があった。当時の大津日赤病院への通院は、早朝の浜大津行に乗れば午前中には病院での診察を終え、午後、市内で他の所用も済ませ、夕方の浜大津港発に乗船すれば、夜には帰宅できた。

時には、帰途「シケ」にも逢った。船はひどく揺れた。心配顔の客の問いに、船員の答えは「今津までは気張って行きますが、今津から向こうは無理」であった。だが相当な難航で、どこで休航になるかハラハラした。しかしわれわれはやっとの思いで船木港に到着し下船したが、われわれを降ろした船は、それでも荒れる夜の湖上を今津に向かって出航していった。

当初、観光船として建造された快速船弁天丸（一一二トン）が、観光客の減少により、定期航路に配船されるようになってからは、浜大津港まで約三〇分程度航行時間が短縮され、新造船での快適な船旅となった。

白髭祭には白髭港まで臨時便が運航された。「穴村行き」も賑わった。草津市穴村の駒井家の灸は、通称「穴村のお灸」として昔から子どもの「かんむし」に特効ありとして、広く知られていた。浜大津港で穴村航路の小型汽船に乗り換えて穴村へ。穴村の灸に行ってきた三、四歳の子どもたちは帰ってからも、額やこめかみに黒い丸い墨灸を押して貰ったそのままの顔で、無邪気に遊んでいた。この名灸も近代医薬に追われ、「穴村航路」も廃止されたが、しかし今でも同医院を訪れる患者は日に一〇名を下ることはないという。

兵隊送り

小学生の頃、船木港まで現役兵の入営を見送りに行った。桟橋や岸辺は、在郷軍人、一般見送りの人たちで埋まった。やがて兵士の乗り込んだ汽船は、出港の汽笛とともに、ゆっくりと桟橋を離れだした。見送りの人たちは一斉に万歳を叫び、旗やのぼりを打ち振った。桟橋を離れた汽船は、やがて進路方向へ旋回をはじめた。そのため、だんだん彼らの姿が向こう側へ隠れてしまった。折角ここまで一里の道のりを歩いて送って来て、これでお終いかとがっかりした途端、彼らは素早く此方側の甲板へ姿を現してくれた。

そして白い航跡を描きながら出港して行く船上で、いつまでも大きく両手を振った。桟橋や岸辺の人たちも次第に遠ざかる汽船に向かって力一杯激励の歓声をあげ、懸命に旗やのぼりを振り続けた。

高島郡内の各港から乗船した兵士は、長浜港に集結の上、敦賀聯隊や金沢師団の各隊に入営した。世界にとどろいた盧溝橋の銃声は、「青い背広」から「露営の歌」へと世を一変せしめた。続々と応召する出征兵士もまた、それぞれの桟橋を後に戦火の拡大する大陸戦線へと赴いたのである。


（「広報あどがわ」第八八、八九号、安曇川町役場）

（五）「藤樹の里」の園児たち

佐々木信導（大正十三年生まれ）※

冬はとくに寒くて雪が多く、滋賀県の北海道ともいわれている。びわ湖の西北に人口一万四千人のいなか町、高島郡安曇川町が存在する。

江戸時代の陽明学者・中江藤樹先生の里に、園児数八十八名の藤波幼稚園がある。昭和三十五年（一九六〇）八月、学校法人に認可されて以来、初代園長・故松本義懿先生の教育方針をうけ継いで、今もなお自然が残る環境のなかで幼児教育に取り組むことができることは、まことに幸せである。

幼稚園の登園、降園はすべて徒歩である。登園については、自分の地域から小学生に引率されてくる園児をはじめ、友だちと、親や家族に送ってもらってくる園児などさまざま。しかし降園については、園長以下教師が一ヵ月交代で各地区へ送っている。とくに近年、交通量が増加しているので、安全については十分な配慮をしている。

園児と四季さまざまな話をしながら、歌をうたったり、クイズやしりとりゲームなどをしながら帰路につく。園児数がだんだん少なくなっているので、車もあまり通らないところでは、ささ舟を作って川に流したり、エノコログサでカエル釣りをしたり、ザリガニつかみをしながら、楽しく帰るようにしている。

しかし、よいことばかりではない。夏は汗を流しながらの降園、冬には耳や手足が凍りつくような時もある。また、目があけられないほどの吹雪の中を、滑って転んで泣きながらの徒歩通園、園児にとっては自然との厳しい戦いである。そんなつらい体験を積み重ね、苦しみに耐えられる強い心を育てたい、という念願である。

降園については、保護者の協力を得て特別な用事がある以外は迎えにこないように呼びかけており、だんだんと理解を得るようになった。今後も保護者、地域の人々とともに話し合いの場を広げて、園児の将来を考え、健康で明るい幼児教育に取り組んでいきたいと思っている。

（「全日本私立幼稚園PTA新聞」、一九八七・七・一五）

(六) 学びの庭の思い出

白井石太郎(大正十四年生まれ)※

今日、東医院の邸になっている青柳小学校の旧校舎で、学んでから四十年の歳月が流れました。四十年と言へば約半世紀、随分長いやうに思います。しかし、自分の年のくうのは早いもので、小学校で学んだのは、つい此の間のやうに思はれます。

◎昭和九年九月のあのおそろしい室戸台風の時、全校児童が旧い講堂のまん中にかたまって避難した思い出。

◎立派な奉安殿が出来ていろいろの式の時に、校長先生が白い手袋をはいて奉安殿に上って行かれた光景。

◎そして、この立派な奉安殿のため運動会がも催しさられた思い出。

◎卒業間際に、当時超近代的な新講堂が竣工した思い出。

此の新講堂での、はじめての式は、紀元二千六百年の二月十一日の「紀元節」だったと覚へている。寒い寒い日で、ふるえながら紀元二千六百年の歌を歌ったことを覚へている。

童心にかえって、幼い時の心のアルバムをめくると、小学校時代はなつかしい思い出ばかりが残るものです。強烈な、印象で心のアルバムに焼きつくのは、幼い小学校時代だろうと思ひます。

そして人間が一定の年をくい、晩年の時代になれば、ひとしほ感傷的になり、なつかしい子ども時代の思い出ばかりを追ってみるものであります。青柳のどまん中にあった旧校舎は、非常に狭くるしい所に建っていたものですが、こじんまりとまとまっていて何だか威厳があったように覚へる。

まん中に講堂、その両側に教室を配置した構図は、ちょうど相撲の土俵に横綱が両方に太刀持ちと露払いを従へての堂々たる土俵入りを思い出す構図とよく似ているやうだった。何となく威厳と格式を誇るわれわれの母校が、創立百周年を迎えると言ふ事は何をさておき、おめでたい事です。

百年と言へば一世紀、近江聖人中江藤樹先生を生んだ学校として、よい伝統を保ちつゝ一世紀を過ごして来たのであります。藤樹先生の薫陶を受けついだ伝統と言ふものは、おそろしいもので、私も教育委員の在職中、町内各学校をたびたび訪問致しましたが、わが母校、青柳小学校の気風と言ふものは、他の学校にないものが備はっていた。どこか、何かが違ふものがありました。

設備にしても施設にしても、規模が小さいがまとまっているのが青柳小学校です。そして之の手入れが非常に行き届き、環境保全を期されて居るのは、学校の先生方の配慮のたまものだと思ひます。青柳小学校の授業を見せてもらっても、教室内での子どもの態度、教師と子どものヒューマンリレーションのよさ。町内、他の小学校では見られない徳育。

藤樹先生の教えが、にじみ出ているやうである。此のやうなひと味違った美風と、一世紀にわたるよき伝統を生かし、「知行合一」の教えを、のちのちの世まで持続させてほしいものです。そしてわれわれの母校が、県内一、いや日本一の優秀校として、徳育のモデル校として、益々の発展することを心から念じつゝ百周年記念の稿を終ります。

（『青柳小学校創立百周年記念誌』一九七四・一〇）

西川栄良（昭和三年生まれ）

（七）青柳における農家の実態ほか

一、藤樹道線の拡幅

青柳区の中央を南北に通る藤樹道線は、三輪自動車の通れるぐらいの道幅であったのが（たぶん昭和三十九年頃）善号寺の四ツ辻から上小川方面にかけて拡幅工事が始められ、通学の際、目に止まりました。中村きんとく商店の倉（土蔵）の曳家移転が、小学生には不思議に思えたものです。現在の青柳小学校の附近には青柳村農業協同組合（農業会の前身）がありました。

二、江阪診療所

私が青柳小学校に在学した昭和十三年（一九三八）頃、校医は江阪院長で温厚な人柄で今も印象に残っています。この頃、伝染病のジフテリアが流行し、幾人かの生徒が亡くなった傷ましい出来ごとがありました。医院では、下小川に隔離病舎をもたれ、医院のすぐそばの問屋（馬場三郎助氏方）から舟で通われたと聞きます。江阪院長は、青柳にあって難儀な病気の方にも手厚く接しられたと聞いています。

三、青柳区の農家

昔、青柳区では、その九割ほどが農業（農家）を占め、兼業として扇骨・すずりその他を仕事に求めていました。農家の間取りは、所謂「田の字型」形式で、当時の生活と社交形式にはよく適っていて、その全室を開放して利用できるものでした。但し、プライバシーという面では難点となっていたことは事実といえます。

台所となる庭には竈《かまど》が設けられ、煮炊きが行われるのが一般的でした。また便所は、母屋《おもや》とは別棟に建てられ至極不便でした。家屋の屋根は、葦《よし》葺きでした。屋敷にはかならず植樹があり、このような家屋の集団を鳥瞰すれば、それはきっと見事な《農村景観》を醸し出していたことが、想像していただけるでせう。

台所の煮炊きや風呂の燃料は、里山にも遠く不便でしたが、藁で炊いた飯は大変おいしいかったことは、今でも昔の生活を知る人にとっては懐かしんでいます。この当時、いなかでは蚊の発生が多く、鍋を利用した杉葉はどの蚊くすべが貴重でした。

四、戦時の農業

現在、リバーサイドと呼んでいる住宅地は、もとは安曇川の氾濫によって広範囲にできた荒廃地で、竹や雑木が茂り、下草に《しょうぶ》が自生していました。戦時中、そのしょうぶをたんぼの肥料として、補給する目的で採集しましたが、子ども心に汗したことを今も忘れることができません。

家族が東江州から帰郷した昭和十六年（一九四一）当時、家屋は農家の造りで、揚間以外の土間部分が広く（物置や農作業に供する）、そこに初めて目にする石臼のような形をした大豆糟と、乾燥した鰊を目にしました。家屋には中二階という空間があり、大正期から昭和の初期にかけて、養蚕が行われたことが伺えます。ちなみに、青柳区には昭和三十年（一九五五）頃まで桑畑を見かけました。

五、米軍機、青柳上空を罷り飛ぶ

岐阜市の情報によりますと、昭和十八年（一九四三）七月九日から十日にかけて、マリアナ基地を飛び立った米軍爆撃機百三十五機が、琵琶湖の西岸の船木崎で集結して態勢をととのえ、そして岐阜市の軍需工場の爆撃に向かったということです。この時、進路を誤ったのかどうか分かりませんが、何機かが青柳字本庄一六七八番地のたんぼ地帯の上空をかすめたのです。

ちょうど、たんぼの草取りをしていた母は、とっさの出来事に吃驚暁天、腹ばいになったそうです。銃撃を免れたのが幸いでした。その後に、北船木の友人から、米軍機による銃撃をうけたということを聞かされました。

（八）果たせなかった修学旅行

北川三男（昭和六年生まれ）

昭和十三年（一九三八）四月、現在のところにある青柳小学校の講堂の新築と、旧の北校舎が移転し、いわば初代の一年生として入学したのが、私たち昭和六年生まれの生徒です。旧の南校舎には高等科の方々が残られましたが、その年の九月には南校舎も移転しましたので、全校生徒そろって新校舎にて学ぶことになりました。

昭和十六年（一九四一）十二月八日、四年生のときに日本は大東亜戦争に突入しました。日々激化し長期化するなか、私たちの身のまわりには、次第に物資が欠乏しはじめ何一つとして満たされる物はなく、また満足に食事することすらも事欠くようになりました。

私たち生徒にとって運動授業の教室ともいうべき「運動場」を、中央部三分の一程度（これは全校生徒の集合用地分として）だけを残して開墾し、カボチャを植え、それを収穫してみんなで分け合って、空腹を満たすために当てたのです。また、三ツ矢、出福浜等にてのサツマイモ作り、農家の人手不足のために私たち高等科の生徒はお手伝いに行き、その報酬として一合の白米の「おにぎり」をいただき、疲れも忘れて笑顔で口にほおばったことを、今は懐かしく思い出します。

かたや勉学の方はというと、教わるにも満足な教材は無く、文房具すらも配給で履くものは工作の時間につくった藁草履を履き、雨や雪の日は親の地下足袋、または長靴を片方ずつの組み合わせなど、ほんとうに無いものばかりの時代でした。終戦の年の高等科二年生における一学期の通信簿には、

「学習ナシ、記入セズ」

との記載が書かれていて、これほど悲惨で、義務教育すら満足に受けられない時代でありました。

そんな当時でも、高等科二年生になるとお伊勢参りの「修学旅行」だけはありましたが、日々敗色が濃くなり、昼夜を問わず頻繁に米軍の本土空襲もあって、当然のように修学旅行は取りやめになりました。

それから五十四年が過ぎ、テレビ・新聞等で、当時果たせなかったお伊勢さん参りの修学旅行を行った、というニュースを目にした同級生の一人が、「自分たちもお伊勢参りの修学旅行をしようではないか」と企画し、たがいに声をかけ合い、平成十一年（一九九九）五月十三日、近鉄京都駅に集合して、校旗を真ん中に参加者十六名が記念写真におさまり、そのあと一路、お伊勢さんへと向かいました。

そして、無事お参りを済ませ、夕食後、誰いうとなく一部屋にあつまり話もはずみ、時間の過ぎるのも忘れ、机をならべて学んだ当時の少年時代や、今日までの多岐にわたるいろいろな体験、苦労話を語り合い、ほんとうに楽しい一夜を過ごしました。これまで何度か、同窓会で顔を合わせてはいましたが、一泊旅行ならではの楽しいかけがえのない時間でありました。

振り返りますと、私たちは戦前・戦中・戦後と、それこそ時代の激変するなかでの多彩な人生経験であったと思います。いろいろな体験をしましたが、今はその体験が不思議にも懐かしい思い出としてよみがってまいります。けれども、悲惨な戦争は、もうこりごりです。平和にすぐる幸せはありません。恒久の平和を祈りつつ。

(九) 最後となった流鏑馬

宮川久男(昭和八年生まれ)

私は、昭和二十八年(一九五三)五月十五日の日吉神社の春の例大祭に、流鏑馬をさせていただきました。それもすぐ本番というのではなく、いちばん最初は四月三日の神武さんの日に神社の社務所で、二十歳ぐらいの若い者五十人ほどが集合して「籤《くじ》」を引くことから始まるのです。

それで私が、いちばん大変な「流鏑馬《やぶさめ》」の神役《じんやく》に当たりまして、四月十五日から五月十五日の本祭りまでの約一か月のあいだ、それまで一度も馬に乗ったこともない、大変な役を無事に務まるよう一生懸命に稽古をいたしました。そんなことですから、四月三日の伊勢の太神楽を見る元気など、とてもありませんでした。

馬場尻《ばんばじり》（中江重二さん宅の前）というところから宮さんまで三回駆ける。そのあいだにマトを三本立てる。馬のたずなから手を離して背中の矢を取ってほうり投げる。走る距離が短いからテレビで見るような弓で矢を射るのでなく、手でマトに向ってほうり投げるというやり方です。それの最初の儀式は、扇を持ってオモテ、ウラを見せて馬を走らせる。これは相図のようなものです。それからまた、馬場尻から御旅所まで一遍だけ駆ける。

五月十五日の前の日には、新宮さん（＝太田神社）での奉納競馬もありました。太田神社は、現在のポンプ場のところから馬を駆けた。馬というても、足の太い農耕用の馬を各家で雇うて出したのです。今でも覚えているのは、真っ白な馬を飼っている家があって、それで稽古をしました。そのころ、青柳で馬を飼っている家が十軒ほどありました。ときには暴れた馬が走っていって、いつの間にか、ちゃんと家に戻っていたのがありましたな（笑）。

四月十二日の晩から十六日まで、神役の者は社務所に寝泊りして何もかも自炊でした。私が「流鏑馬」で、こないだ亡くなった西川辰美さんが「素ばし」でした。夜中には「行者場《ぎようじやば》」があって、そこで手桶で水をかぶって身を清めて、それから素足で太田神社までお参りして帰ってくる。それを四日、五日続けてやったというのが思い出でした。それから四か月後の九月に、二ツ家の水害があったのですが、とにかくそういう経験がありました。

そのお祭りも、私のときが最後になるとは思いもよりませんでしたが、二ツ家の水害で亡くなられた方を偲ぶと言いますか、あくる年二十九年の例大祭は、ちょっと遠慮させてもらうということで、祭りごとはいっさい無かったのです。

それと、昭和三十年代に入ってからは、田んぼの耕作の仕方もだいぶ変わってきまして、小さい農耕用機械でやるようになって、牛や馬を使っての農作業はだんだんと減ってきました。

結局、二十歳の私が最後の祭りのたいへんな神役を経験させてもらい、そして無事に努めさせてもらったことが、いちばんの印象に残っていることでたいへん有難かったと思います。これも神さんのおぼし召しかとも思っています。

(一〇) 目の前で堤防決壊

中江貞男(昭和九年生まれ)

青年会時分のことですが、春の例大祭の前には宮さん(=日吉神社)の社務所で神役の抽選がありました。私ら馬にいちども乗ったこともない者が、その役に当たったら大変やということで、

「どうぞ当たりませんように」

と、心の中で祈ったものでした(笑)。まあたいへんな役でした。新宮さん(=太田神社)の馬駆けの時に、乗っていた中村修さんは背が高いものやから松の枝にちょいと掴まったために、馬だけが先に行ってしまったことがありましたなあ(笑)。

いちばんの思い出は、昭和二十八年（一九五三）九月の台風で二ツ家の堤防が決壊したときのことです。ちょうど私は、組長をしておりました。それで、二ツ家の堤防がどうも危ないという連絡がありまして、ただちにスコップを持って現場へ急行しました。堤防の坂の道の上まであがり、橋のたもとの辺まで行ったら、安曇川の水が堤防の「擦り切れ」まで、もういっぱいいっぱいでした。

それで、地元の消防団と一緒になって、土のう袋に土をつめて堤防の上に積んでいたのですが、「馬通し」のところは一段低くなっていましたので、とうとう水が堤防を越してきて、二ツ家の西川弥太郎さんの竹小屋（現在の安曇川スポーツセンターあたり）に水が盛り越し、濁流がそのとなりにある弥太郎さんの家にぶつかりました。

そのために、竹小屋はもちろんでしたけれども、弥太郎さんの本家も浮き上がってしまい、ちょうど家の裸電球が窓ごしに見えていましたが、それが間なしに消えました。

そのときに綱一さんが、

「おっかあー、おっかあー、おっかあー」

と三べんほどやったと思いますが、流れる家に向かって、母親がいるものと思って大きな声で叫んでいました。そのときの綱一さんの声が、今でも忘れられません。結果的には、綱一さんのお母さんは、すでに家を飛び出し避難していて無事やったのです。

そのような光景を眼のあたりに見ました私は、こんなところにいたら終いには自分も水に流されてしまうと思いまして、坂道をいちもくさんに走って家まで飛んで帰りました。そして、

「親父っあん、えらいことや、弥太さんの家が流れてしもうたわ」

「そりゃ大変なことやのう」

というて、それから数時間後には、私の家のところにまで水が流れてきました。そして、あっという間にもう床上浸水でした。畳は水に浸かる。それを上げねばならん。そしてそのあと水が引いてから、床の下にたまった多量のドロをかき出したことを思い出します。

二ツ家の人も多く亡くなられて、ほんとうに大変なことやったんですが、私は、今でも水が堤防を越して流れていた、そのときの光景をはっきりと思い出します。そのあと、決壊したところの安曇川堤防の復旧工事は、アメリカの進駐軍がおおきな機械を使って、すぐにやってくれましたなぁ。

（一一）十三号台風で考えたこと

西川　明（昭和十年生まれ）

私は、昭和二十年（一九四五）に学童疎開で、京都から実の母の実家のある「二ツ家」に移り住み、昭和三十年（一九五五）までの約十年間、青柳にて小・中・高の学業生活を送りました。なかでも生死を分けた十三号台風の体験は、生涯忘れることのできない思い出です。このときの台風によって、義父で叔父にあたる良一（元滋賀大学教育学部教授）の大切にしていた蔵書も、家ごとすべて流失しました。

昭和二十八年（一九五三）九月二十五日。十三号台風は予想に反して、雨台風でありました。この日は、ちょうど藤樹神社の例祭日で、今から六十五年前のことです。雨が二、三日降りつづいて屋根の雨漏りが止まず、二階に米や日用品を移動させていた。

不思議にも、ときを同じくして二人のかたが、戸口から大声で飛び込んでこられた。一人（本家）はわが家族の安否を。もう一人（身内）は二ツ家が危ないと察知して、青柳から走って飛んで来られた。「早く外へ出ろ」と、いわんばかりの見幕であった。祖母は、「二階に上がっている」と言っていたが、その人に催促されて外へ出た。私は、履物もろくにはけず、着の身着のままで戸口を飛び出した。玄関を出ようとして引き戸を開けると、坂道から水が堰を切ったように流れて来ました。

国道一六一号線に立ってみると、一軒目、二軒目はすでに崩れ落ちていました。三軒目の土蔵に濁流がぶつかっている。くわえて大きな丸太が、「ドーン、ドーン」とぶつかっているので、その衝撃でむかしの頑丈な土蔵といえども耐え切れず、ひと溜りもなく数秒で崩壊していきました。一方、国道は、いったん濁流にのみ込まれてしまうと、砂がさらさらと流れていくが如く崩れて水没した。これも秒単位で消えました。

六人（男三人、女三人）は、間隔をとって立っていた。じりじりと道が砕けてきたので、立っていられなくなった。そのとき、リーダーの一人が、「坂道を上がれ」と一喝した。皆はともかくその指示にしたがった。

安曇川小橋を通過して、安曇川大橋の鉄橋へと向かった。下を見ると、安曇川は一変していた。河川の水位は鉄橋すれすれであった。渦、衝撃波、轟音、その速度は、まるで津波の前兆を思い出させるような破壊力のある流れであった。とにかく凄まじかった。六人はただ一途にとぼとぼと歩いた。そして暗闇のなか、ついに渡り切った。

新庄の「鳥居楼」に着くと、六人は避難させてもらった。辺りはすでに真っ暗で、夜の八時は過ぎていたであろう。玄関には、私たち以外に近隣の方もおられ、がやがやとにぎわっていた。その夜はもちろん徹夜の状態であった。深夜になって、男の会話を耳にした。「助けてくれ、助けてくれ」と。「声は聞こえてくるが、水がこんなにあってはとても近寄ることさえ出来ない」「もうどうしようもない」とのこと。一夜明けて、如何に皆どのように行動したのか分かりませんが、青柳のクラブ（＝区会議所）で避難生活を始めたと思います。

青柳のクラブでは、罹災者や関係者が大勢集まっていた。区長の謝罪の場面、怒りや憤懣やりがたない気持ちを訴えておられる場面があった。あの時の部屋の電灯は、じつに暗かった。

「もしあの時……でなかったら。……どうなっていたか」ということを考える時、（1）危険の察知があまりにも遅すぎたこと。（2）安否の確認があったこと。（3）水の流れと逆方向へ誘導されたこと。（4）後戻りをしなかったこと。（5）安曇川の鉄橋が崩壊しなかったこと。このこと自体は、日本の土木技術の確かさが証明されたと思っております。

あの時の、まるで地獄のようなおそろしい安曇川の橋を渡り切った六人のうち、すでに五人は故人となりました。また、避難生活を支えて下さいました方も、皆亡くなられました。深くご冥福をお祈りいたします。

（一二）台風とやぶ番

中江靖行（昭和十九年生まれ）

小学生のときに体験した昭和二十八年（一九五三）九月の十三号台風よりも、私がいちばん感心させられたのは四十年前の台風のときでした。それが二度ほど立て続けにありました。あれこれ思い出すと、それは昭和四十五年（一九七〇）の十八号台風と昭和五十一年（一九七六）の十七号台風だったように記憶しています。

このときも、安曇川の二ツ家付近の堤防が危ないということでしたので、青柳じゅうの人たちが、竹やぶ（現在のリバーサイド区など）に入って、とにかくそこらじゅうにある竹や木を手あたり次第に伐っては、それを「木流し」しました。

私は当時、青柳の消防団に入っていましたので、そのときの青柳の人のすごい力には驚きました。みんながノコギリで伐って、その重たい「生木《なまぎ》」を雨の降るなかを必死に肩にかついで、堤防の坂道を上がってくれたのです。これについては、やはり昭和二十八年のかなしい経験があったものやから、もう必死になって青柳じゅうの人が出てくれました。いざとなれば、青柳の人は一致協力して、事に当たってくれることを身をもって知りました。

それと、青年会時分の私らは、先輩の尻についていろいろと経験させてもらいました。特に竹の皮の

「やぶ番」を思い出します。それが私らのときは三年続き、それが最後で無くなりましたが、それまでの先輩はよいめをしていたと思います（笑）。よそから竹の皮を盗みにくる者がいたので、その張り番をする代わりに、そこの竹の皮を売る権利をもらって「入札」して、現金が入ってくるという仕組みです。

竹の皮は、今はだれも見向きもしませんが、その時分は牛肉などの包装に使われていましたので、かなりの需要がありました。それで、年によっては十数万円にもなりましたが、これは青柳青年会のおおきな収益金として、五月の「春の例祭」と、八月の「廿日盆」などの経費にほとんど使わせてもらいましたので、それを楽しみにして頑張ったものです。

「やぶ番」は、ちょうど田植えのど最中でしたが、それを理由に親に言うて休むことができ、歳の上の者と下の者が組んでやりました。そして、その竹やぶのなかに自分らで「藁小屋」をこしらえて不寝番をしまして、とにかく楽しいものでした。中学校を卒業した十五歳から二十五歳までの者が、そんなことをやりました。今となっては、ほんとうに懐かしい思い出として言えますが、その当時はそれこそみんな一生懸命でした。

このような「やぶ番」の経験は、私らの年代でほぼ終わりとなり、その下の年代の人らは知らないように思います。青柳の青年会もまた、それから五年ほどして終わってしまいました。

（一三）青柳にのこる職業屋号

馬場正則（昭和十九年生まれ）

私の家は、江戸時代から代々、醤油の醸造業を営んでおりましたが、戦後になって、農協がいってに草津で醤油の醸造をおこない販売もしまして、お金と交換ということを始めましたので、それでやむなく醤油屋を廃業して、現在の「はた屋」をやっているということです。

そんなことから、私の家の横を流れている川が「問屋川《といやがわ》」といいまして、むかしは船が絶えず行き来して、商品の醤油を下のほうへ運んでおりました。また、古くから川魚を捕獲したと思われる「魞本《えりもと》」という地名も、すぐ近くに残っておりますが、そういうことから、青柳における屋号で「問屋《といや》さん」というと、私の家の馬場三郎助がそうです。

ちなみに、青柳でむかしの職業名でもって今も残り、ときおり使われている屋号としては、馬場義夫先生のところが「油屋《あぶらや》さん」。それから、岡田三武郎（故人）さんの家は、いわゆる岡田一統がしておりました「硯屋《すずりや》さん」。それから、その西となりの図司光雄さんのところが「籠屋《かごや》さん」。籠と申しましても、人を乗せるカゴではなく、竹で編んだモノを入れるカゴを作っていたということですね。そして、お宮さん（＝日吉神社）の東となりの西川辰美（故人）さんの家が「桶屋《おけや》さん」でした。

むかしは、顔の知らない小さい子どもを見ては、

「お前はどこの子や？」

「桶屋の子や」

「そうか桶屋のぼんか！」

というような会話が、ごくふつうでありました。人の名前で呼ぶよりは、いわゆる屋号でもって話すほうが、たいへん便利な時代でもあったのです。

今でこそ、青柳も大規模世帯になって、あたらしい住民の方々が増えましたが、もともとはというと、だいたいは馬場一統、中江一統、中島一統、西川一統、藤井一統、中村一統などが青柳の中心をしめていて、さらに俗称の地名を聞きますとすぐに分かりました。青柳のお寺もまた、いくぶんは異同がありますが、だいたい馬場一統は徳正寺さん、中江一統は勝安寺さん、藤井一統は善号寺さんということになっておりましたので、青柳のだれでもが知っていたものです。

しかし、青柳というところは、農村のどちらかというと何もない清閑な土地でありましたので、むかしから活気がないようにいわれます。ことばに語弊があるとあきませんが、私はこの青柳を愛しています。琵琶湖のアユではありませんが、よそへ出て、かれらのなかには「○○滋賀県人会」に属して、そうしたよその地でおおいに活躍している人が多いようにも聞いております。

（一四）江若から国鉄そしてJRへ

藤井　忠（昭和十九年生まれ）

私は終戦の前の年に生まれました。小学生のころの思い出はあまり覚えていませんが、私の家業から触れてみたいと思います。

私の家は、雑菓子店の経営と、「銑引《せんび》き」という扇骨の一工程作業に従事していました。戦後の食糧不足のとき、父は黒砂糖の安売りを知らせるための宣伝方法として、模造紙に墨で内容を手書きし、それを町内の電柱に貼り出したことを覚えています。今から思うと、その当時は電柱に張り紙をしても良かったのだなあと。このことは現在の新聞折り込みの広告を出して宣伝しているのと同じで、まあ進歩的なやり方だったと思います。雑菓子や「くじ引き」などの買い物で、いつもたくさんの子どもで店一杯になっていたことが印象的で、もうこのような光景を見ることはできません。

また銑引きですが、当地区は安曇川の堤防に生えている良質の竹が多く取れたことから、かつては扇骨一本一本を削る手作業として、各家の内職として行なわれていました。昭和の三十年頃からは機械化され、より多量の生産を上げるようになりました。そうすると、竹の原料は地元だけでは足りず、九州、島根や台湾、中国から輸入するようになり、「皮」の付いたかさの高い原料を輸入するよりは、産地で削って入荷するほうが輸送賃は安くなり現地生産に変わりました。今はごく一部のところでしか作業が見られなくなりました。

さて私は、昭和三十八年（一九六三）に高校を卒業して、江若鉄道（本社大津市三井寺下）に入社し浜大津駅の配属となりました。江若鉄道は、当初の計画では近江の国から若狭まで繋ぐものでしたが、いろいろな理由で近江今津止まりとなりました。のちの国鉄湖西線の開通によって、「江若」の目的が達成されたともいえます。

入社当時は、全部で二十二の駅（季節停車駅も含めて）があり、私は一時間三十五分かけて通勤しておりました。浜大津駅から和邇駅までは一時間に二本、近江今津駅までは一本の間隔で運転されていました。編成は、気動車一両、動力車と付随車の二両編成、また通勤時間帯にはＤＤ51牽引による客車三両編成で運転しました。ドアの開閉は手動でしたが、のちには自動で開け閉めできる気動車に改造されるなど、江若社員でも高度な技術をもった人がいられたものだと感心しました。

その当時、大津から湖西地方につながっている交通が「国道一六一号」の一本しかなく、季節による観光客の車で混雑し、その上にまだ完全舗装がされていなかったためにつねに渋滞していました。それで江若鉄道は、通勤列車としての役割と、さらには四季つうじての観光列車の運行で、満員のお客様を乗せることができ、たいへんやりがいのある仕事だったことを思い出します。

そして、入社して五年が過ぎたある日、江若鉄道は国鉄湖西線建設にともなう「調査線」となり、それからまもなく「工事線」の格上げとなり、昭和四十四年（一九六九）十一月一日をもってついに「廃線」、江若交通という社名に変わりました。この江若鉄道最後の日には《花電車》が運行され、多くの沿線住民に惜しまれながら営業運転を終えました。全社員は、言葉には言い表せないような寂しい思いをしたものです。

さいわい私は、国鉄に採用され、湖西線建設工事期間は毎日、代行バスに乗って京都まで通勤しました。この頃も、国道一六一号は車がよく込み合い、特に夏の季節には五時間も遅れて通勤したので、かつての江若鉄道の有難さと同時に、湖西線の開通を心待ちしたものであります。昭和四十九年（一九七四）七月二十日、待望の国鉄湖西線が開通し、一時間に二本、快速電車と普通電車が交互に運転され、スピード、編成、線路の状態など心地よく通勤することができました。

国鉄では貨物駅であります「梅小路駅」に配属されました。当時は、二百両から三百両の貨物を方向別に仕分けをする作業でありました。現在では輸送の仕方がコンテナー輸送に変わり、かつての真っ黒な貨物列車を見ることはできなくなりました。私は、そのような貨物の輸送方を変更するため、梅小路駅構内の改変工事の「計画助役」の辞令をうけ、貨物からコンテナーへの、(1)積み込み作業の変更（入換作業無し）、(2)構内設備の変更（手動による信号扱いから自動化・電子連動化への工事）の業務に従事しました。三年の工事期間をへて完成を見ました。この工事によって、貨物ヤードがコンパクトになり、その空いた土地は「梅小路公園」ならびに数年前にオープンした西日本旅客鉄道株式会社による「京都鉄道博物館」として立派に生まれ変わり、おおぜいの人たちで賑わっています。

私は、江若鉄道株式会社の社員から国鉄に移り、そして国鉄の民営化後は日本貨物鉄道株式会社の社員となって、まこと目まぐるしい戦後の鉄道史のなかに身を置いていたといえるかも知れません。

（一五）那須の与一地蔵

西川美智代（昭和二十四年生まれ）

南部消防署の東、リバーサイド区の入口に祀ってある地蔵菩薩を、昔から「那須《なす》の与一《よいち》の地蔵様《じぞうさま》」と呼ばれています。私が嫁いだ頃は、田んぼの真ん中にあって、とってもお参りしにくい所にありました。消防署ができるようになり、良い所に祀られていますので、おかげで沢山の人々がお参りできるようになりました。

さて、この那須の与一のお地蔵様とは、どんな人だったのかと聞かれても、お世話している私達も説明ができません。そこでいろいろと調べてみて、あまりはっきり分かりませんが、次のような事を知り得ました。

那須与一は平安時代末期の武将で、御家人と合戦に向かう途中、病気にかかって突然倒れました。それで京都の伏見で療養していた折、即成院の本尊阿弥陀如来像のあらたかな霊験あることを知り、即成院にこもって病気の平癒を祈るとともに、いくさにおける戦功をつよく願い続けました。その祈りは見事につうじて、阿弥陀如来像の霊験で病気が癒え、すっかり健康を取りもどした与一は、体調万全のかたちで、有名な平家との「屋島の合戦」に挑むことができました。

そののち、与一は武士を捨てて出家の身となり、これまで恩を受けた人達のために追善供養の生活を送り、三十四歳のとき、即成院の阿弥陀如来像の前で亡くなりました。そして大きなお墓を残しました。

南部消防署の所にあるお地蔵様は、那須与一の守り地蔵だと言われていて、病気になった人が早く元気になるように、また重病の人には苦しまずに安らかに行かして下さいと、願いを叶えて下さるお地蔵様だと言われています。私達も、年に一度だけですが、地蔵盆の日には「島の観音講」で御詠歌を唱えてお参りしています。

いつの頃に、この青柳の人里の離れた土地に、どんなご縁があって祀られたかは分かりませんが、尊いお地蔵様でございます。

（一六）ボンツーの地蔵盆

白井正道（昭和二十六年生まれ）

今は盛んに老人会のグランドゴルフをやっていますが、僕らの小さい時分の日吉神社は、ソフトボールの野球場でした。学校が終わると、すぐに青北と青南とのソフトボールの対抗試合でした。ちょうどご神木（＝なぎの木）のあるところがホームベースで、センターの川のところに小屋が建っていまして、そこを超えたらホームランやと。そんな遊び場でした。

今時分、宮さんの境内にたくさん落ちているご神木の青い実を見ますと、私はいつも子どもの頃の「地蔵盆」を思い出します。この青い実の正式な名前は知りませんが、僕らは「ボンツー」と呼んでいました。にぎやかな廿日盆よりは八月二十三日、二十四日の地蔵盆のほうが、僕ら子どもの楽しみは大きかった。

ほんとうに子どもの祭りみたいなものでした。

青柳のお地蔵さんは、全部で七つほどあるのかな。私のところは「上出《かみで》地蔵尊」といいますが、それぞれお地蔵さんごとに、とにかくたくさんの子どもがいました。今の地蔵盆は、大人のひとが段取りをしていますが、むかしは何もかも子どもに任せきりで、おとなは当日、こしらえに行くだけです。廻り持ちの当番にあたったその年の家は、いつ子どもが絵を描きにくるやら、「アンドン」を作りにくるやらわからんので、一週間前か十日前、下手するともう一か月前から小屋を掃除して用意したものです。川でアンドンを洗って、紙を貼って、それに絵を描いて、ということをどこの地蔵さんでもやっていました。

そして子どもは、宮さんへ行ってボンツーをようけ拾ってきて、二十三日の晩に、このボンツーでもってよその地蔵さんのアンドンを破りに行くというのが、一つの子どもの《勲章》のようなものでしたなぁ（笑）。今でこそ、そんな暴力的な遊びはできませんが、その当時は僕らの楽しみでした。「どこそこが攻めてきよった」と（笑）。

二十三日の晩八時頃から、御詠歌のお勤めがありますね。そして九時頃になると「中山さん」で一旦休憩をされるのかな。そのときに、小学校の六年生が冷えたスイカを切って、ラムネを一本ずつ配って女の人に食べてもらう。これが六年生のだいじな役割でした。中学生らは、この日はちょうど西万木の盆踊り（廿三夜と言いました）ですので「踊りに行ってくるわ」といって、みんな行ってしまいます。それで、小学生が晩の接待の主役でしたが、そのあいだに他所から攻めてくる。アンドンが破られていたら、帰ってきた中学生におこられる。「お前ら何をしてたんや」と（笑）。こんなことも今から思いますと、楽しい思い出の一つです。

この二十三日の晩は、一年生から三年生までの中学生の人が対象でしたが、自分ところの布団を持参して、みな当番の家に「雑魚寝《ざこね》」して泊まったものです。十人か十五人かわかりませんが、大勢の人数でした。これも楽しい思い出でした。とにかく、「アンドンが破られた」とか、また「ノボリを取られた」とか、という遊びのほうが、僕らの子どもの頃の地蔵盆における強烈な印象でしたなあ。

(一七) 母から聞かされた体験話

藤井智紹(昭和二十六年生まれ)

〔1〕

昭和二年(一九二七)生まれの母智子は、時どき、私らの想像もつかないような大変だった体験話をしてくれます。そのうちの一つに、昭和二十八年(一九五三)九月の「大水《おおみず》」の話があります。

私は、そのときまだ二歳でまったく何の記憶もありませんし、ただただ母の背中にあって泣き叫んでいた、とのことでした。

ちょうど夕飯の時間ぐらいだったらしいのです。見る見るうちに、善号寺の境内にも水が溜まったとのこと。寺の本堂や鐘つき堂に、近所のおおぜいの人がそれぞれ荷物を持って逃げてこられ、みんな青ざめた顔をして、とにかく終始無言で、そとの様子をじっと眺めておられたそうです。

「一体どうなるのやら」と、不安の気持ちでいっぱいだったと思います。そして、赤ちゃんだけは本堂の

「内陣《ないじん》」に寝かせたらしい。しばらくすると、急に水が引きはじめたということで、それでみんなは、わが家へと飛んで帰られたとのことでした。

父玄城は、その当時、青柳村役場に勤務していましたので、家にはまったく寄りつかず、災害対策であちこち忙しく走り回っていたとのこと。そのために、母はおさない私を背負ったまま、境内の腰までつかる水の中を動き回っていたということです。

そのあとで、二ツ家の集落すべてが流されたとか、○○さんの遺体が横江道の木に引っかかっていたとか、○○さんの赤ちゃんが目の前で流されていったとか等々、それこそ悲惨きわまりないニュースばかりを聞かされたといいます。私らの普通のあたまでは、とうてい理解できないようなことばかり話してくれました。

後日のことですが、青柳小学校の担任をしていたときの児童の遺体が発見されました。母は、児童のその無残なすがたに成り果てた亡き骸にすがりついて、泣いてばかりいたとのことでした。「大雨の日、その子を私の家へ連れて帰ってあげればよかったのに……」と、今もなお母は、悔やんでいるように思います。

〔2〕

私の家には、母の五歳上の兄にあたる藤井智憲さんが戦場へ出発するさいに、両親に宛てた手紙をたいせつに残しています。私の伯父にあたる方ですが、教員生活わずか八か月で軍隊に召集され、昭和十九年（一九四四）十一月十四日、レイテ島ソロモン付近にて戦死いたしました。享年二十三歳でした。一命を国に捧げたひとりの肉身にたいする追善供養として、その手紙の全文をご紹介させていただきます。

* * *

最後まで親の意《い》に反《はん》し、誠に心苦しき感あれど、勇躍御地に出発せむとす。面会不可能ならざりしも、一般兵の出陣と趣《おもむき》を異《こと》にして然《しか》るべきと考えしかば、かくの如《ごと》き処置に出でたり。

左《さ》に日頃《ひごろ》の所信を述べ、告別の辞《ことば》にかへむとす。

思うに、今回の聖戦たる其《そ》の現況、今更申上《もうしあ》ぐる要《よう》も無レ之。今や一大決戦時にあるは予測に叛《そむ》からざるなり。而《しこう》して、不肖《ふしょう》さきに国家の干城《かんじょう》として召されて早くも二年、今や皇軍将校として再び任地に出陣せんとす。本懐《ほんかい》之に過《す》ぐるものなく、一度《ひとたび》内地を出帆せんか。もとより生還期す能《あた》はず。

君が為《ため》何か惜しまひ□桜　散りて甲斐ある生命《いのち》なりせば

そは、我が理想とする所、献身奉公の念何ぞ崇高なる、之《これ》実に皇国民として、聖代に生を享《う》けし日本人の感激にして、しみじみと生甲斐《いきがい》を感ぜさせうるゝなり。死すべき道を大砲に求めし我等、必ずや□き将来の活躍、ご期待にそふべく努力致す覚悟なり。

今出陣に方《あた》り、静かに来《き》し方を思い出すに、物の道理知らぬ不肖、かくまで育てあげくだされし御恩、其《そ》の感謝の言葉も知らず。両親の味、今にしてわかりたく如くなり。而《しこう》して、父母に先んじて死地に指せんとす。御恩に報ゆるの期なく、甚《はなは》だ残念には思へども、大義に生《い》くるは之《これ》最大の孝なるを知るなれば、敢然として趣《おもむ》かんとす。将《まさ》に二十数年は仮《かり》の宿なりしなり。

智憲は家の子に非ずして国家の子なりしなり。教員生活、家職等いさゝかなりとも触れし件、今は浮世の雑念《ざつねん》として未《いま》だ心中無きにしもあらねど、時代は其の辺《へん》考ふる余地を与えず。皇国帰一《きいつ》あるのみ。

「井の中の蛙大海を知らず」。時局将《まさ》に想像以上なれど、社会の思想甚だ面白からず、決戦下の日本人かとのゝしりたき感なり。而して、将校たる又軍人の根幹にして、淡泊正純なる境地、世人《せじん》の味合う能はざるところ、終生籍を起きたき感なり。名誉、財産、何ら無レ之、軍人の最《さい》たるものなり。

次に妹の件なれど、二人となき兄弟立派に成長せんこと、兄の意思をつぎ、天下の教育者として立たむ日を遠き国より待ちはべるなり。

あゝ訓示にも曰く、「火砲と運命を倶《とも》にすべし」。これあるのみ、他に語る要なし。

数十名の部下の命をあづかる身の幸福、小隊長としての重責を思ふとき、胸の辺り高く脈うつゝあり。将に身を以つて天業順弘を兵端に馳せ参ぜんとす。

ご両親の健在を祈りて止まず。

以上

昭和十九年九月一日　夜

智憲

御両親様

出典一覧

『滋賀県高島郡報』第二八三号付録、高島郡役所、一九一九年。

『高島郡誌』高島郡教育会、一九二七年。

『中江千別翁邸跡歌碑建設記念・かしの実』水甕今津支社、一九三〇年。

『藤樹研究』第四巻第九号、藤樹頌徳会、一九三六年。

『安曇川町誌・資料目録と解説』青柳の巻、安曇川公民館、一九五八年。

『滋賀県市町村沿革史』第四巻、滋賀県市町村沿革史編さん委員会、一九六〇年。

『歴史研究』第11号、本庄・青柳地区調査、滋賀県立高島高校歴史研究部、一九七一年。

『角川日本地名大辞典』25滋賀県、角川書店、一九七九年。

『安曇川町昔ばなし』安曇川町教育委員会編、サンブライト出版、一九八〇年。

『安曇川史』安曇川町役場、一九八四年。

『会誌』第四号、青柳小学校校舎改築記念事業実行委員会、一九八七年。

『滋賀県の地名』日本歴史地名大系25、平凡社、一九九一年。

『わが心のふるさと』安曇川町役場、一九九五年。

『あど川の文化と先人たち』安曇川町役場、一九九七年。

『我、近江との架け橋とならん』駒井健先生追悼集刊行委員会、二〇〇四年。

『安曇川町50年のあゆみ史料集』安曇川町役場、二〇〇四年。

『UP』第三四巻第一二号、東京大学出版会、二〇〇五年。

「朝日新聞」

「毎日新聞」

「京都新聞」

「滋賀新聞」

「広報あどがわ」月刊、滋賀県高島郡安曇川町発行。

「青柳区有文書」

昭和・平成の青柳を語る

平成 31（2019）年 3 月 1 日　発行

著　者　中江　彰
発　行　青柳区
〒 520-1121
滋賀県高島市安曇川町青柳 939 番地 1
青柳区会議所内
発　売　株式会社 明徳出版社
〒 162-0801　東京都新宿区山吹町 353
印　刷　興学社

昭和・平成の青柳を語る

青柳区